# 「ふつうの子」なんて、どこにもいない

木村泰子
Yasuko Kimura

家の光協会

「ふつうの子」なんて、どこにもいない

# はじめに

そもそも「ふつう」ってなんでしょう。

「ふつう」があるなら、「ふつう」じゃないものもあるということですよね。

実は、私がこの「ふつう」という言葉を意識するようになったのは、九年間勤めた大空小学校の校長を退職してからのことでした。

四十五年という教師生活を経て、大空小学校を卒業してからのこの四年の間、講演会やセミナーなどで四十七都道府県すべて回ったんです。

そこで出会ったのは、小学校、中学校と学校に行けなかった子、自ら命を絶ってしまった子、そのことでずっと苦しんでいるお母ちゃんやお父ちゃんや、学校の先生も心がある人は苦しむんですよ。そんな人たちでした。

たったいまも「困っている」ことを抱えている子どもや大人たちと、何百人と会いました。

そんな中で、学校に行けなかったまま若者となった子たちから、幾度となく受けたのが、「先生、『ふつう』っていったいなんですか?」という質問でした。

ある青年がこんな話をしてくれました。

自分は小学校、中学校と、毎日が苦しくて学校に通うことができなかった。高校はいろんな学校があるから、入学して籍は置いたけれども、やっぱり「学校という場」が苦しくて、通うことができなかった、と。

学校に行けないまま大人になりつつあるその若者が、「『ふつう』ってなんですか?」と真剣な顔で私に問うんです。

私はそれまで考えたこともなくて、答えられませんでした。その代わりに「なんでそんな質問するの?」って聞いてみた。

「私はこの『ふつう』という言葉に苦しんで、百本くらいリストカットしました」

その青年の体に刻まれた傷は深くて、縫っているものもあるほど壮絶なものでした。

彼は「ふつう」という言葉に苦しんで、何度も何度も自分を消そうとした。そのころを、無数の傷が物語っていました。

小学校でも中学校でも先生から、「おまえ、『ふつう』のことぐらいやれよ。みんなやってるやろ?」と言われ続けたそうです。

でも、自分にはなにが「ふつう」なのかわからなかった。「ふつう」ってなに?「ふつう」のこともできない自分はダメなんだ。生きている値打ちはないんだ。ずっとそう思い続けて、大人になったんです。

この子はね、性別は「男」だけど、女性になりたかった子なんです。

いまでこそLGBT（性的少数者）という言葉が社会で認知されて、「男と男が結婚して何が悪いの」というような風潮に社会が変わってきたけれど、その子が二十歳だとしたら、彼が小学校のころといえば十年前。いまとは全然違いますよね。

「男のくせに」「女のくせに」という言葉が平気で飛び交っていた時代です。その時代に、この子は「ふつう」であることを強いられ続けてきた。

好きな色のかわいいカバンが持ちたくて、ピンクのカバンを持っていくと、同じクラスの男子からいじめに遭う。先生からは「おまえは男やからピンクなんか持つのやめろ」と忠告される。

なぜダメなのかと問い返しても、先生たちは説明する言葉を持ちません。

そして、こんな言葉を彼に投げる。

「ほかの子を見てみ。みんな『ふつう』やろ？　おまえだけ『ふつう』じゃないんや。『ふつう』のことくらいできへんかったら、学校に来られへんぞ」

この子はそんな言葉を敏感に受けて、自分で姿を消そうとした。それが百本の線になって残っているんです。

こういうこと、子どもに限らず、大人でもありますよね。

私もこんな経験があります。

規模の大きなシンポジウムに講師として呼ばれたときのこと。来賓席には大きな花と名札を胸につけた市長さんがおられるような会です。そこにあえてジーパン姿で行ったんです。

そうしたら、会場のおえらいさん方が、私の顔を見る前にジーパンに目を落とす。それだけで「誰や、こんな講師呼んだん⁉」っていう空気が流れて、「失礼な」と言いたげな顔を向けて、挨拶もなく目も合わさない。

「ふつう」の大人なら、こんな場にジーパンなんかはいてこないだろう。そう思っているのが、ありありと感じられました

人って、見えるところしか見ないんです。私はそんなのへっちゃらですよ。でも、感受性の豊かな、繊細な心を持った子どもはそれで傷つけられる。

でもね、見えないところを見る大人が、一人でも増えたら、消えてしまおうとか、自尊感情をズタズタにされる子どもが少しでも減るでしょ。

みんなが変われなくても、気づいた人間が一人でも変わればいい。

学校でもそうです。「先生が言うことがおかしいと思うよ」って言える親や地域の人、そんな大人が誰かいれば、その子は助けられる。

「ふつう」というのは、その場の、その時代を占めているその他大勢の人が出す、「空気」なわけです。正しいか正しくないかではなくて、数が多いから「空気」をつくっているというだけ。

でも七十年前には、その空気に飲まれて、多くの若者が戦争に行ってしまったという時代が日本にはありました。

そうした過去を否定するとかではなく、いまの現実を新しくつくるために、大人は問い直しをしないといけない。そのときにもっとも不要なものが「ふつう」という言葉だと私は思います。

やっぱり人は、弱いし流される。「みんなが言えばそれが当たり前」という空気になる。それでも一人ひとりが、自分はどう考えるかと自問自答しながら、立ち止まって自分の考えを持てば、その空気はもっと自由なものに変えられる。

私が見てきた大空小学校の子どもたちは、先生や大人がなにを言っても、「だって自分の考えはこうやんな」という高い自尊感情をみんなが持っていました。自分の言葉を大切にしていました。後からもお話ししますが、子どもたちは校長の私にも「先生バカやな、わかってへんな」ってふつうに言います。それが「ふつう」なんです。

自分の考えを持つ。それが当たり前のこととして、子どもの中に蓄積されていかないとあかんでしょ。これが義務教育で身につけるべき最低限の学力です。そして、その学力は、社会に出たときには生きるための力となる。その学力を身につける権利を、子どもは誰もが当たり前に持っています。

それこそが学校で一番大切にしないといけない「ふつう」のこと。それを伝えたくて、今日も明日も全国を飛び回っているのかもしれません。

【大空小学校について】

二〇〇六年創立の大阪市住吉区にある公立小学校。

初代校長を務めた木村泰子（著者）と教職員たちが掲げた「すべての子どもの学習権を保障する学校をつくる」という理念のもと、さまざまな個性を持つ子どもたちがともに学び合う姿が、ドキュメンタリー映画『みんなの学校』として公開され、大きな話題となった。

校則はなし。あるのはたった一つの約束「自分がされて嫌なことは人にしない。言わない」のみ。

木村校長在任中の九年間に転校してきた特別支援の対象となる児童は、五十人を超えたが、不登校はゼロ。

地域に開かれた学校として、教職員のみならず、地域住民や学生ボランティア、保護者をはじめ多くの大人たちが、つねに子どもたちを見守っている。

# 目次



## 第一章
## 「ふつう」の子どもなんていない

# 第二章

# 子どもはみんな大人を見ている

第三章

# 大人の自分がスイッチ変える

子どもは笑っている大人が大好き。
周りの大人が笑っていれば、子どもも笑う。—99

大事なのは、忘れ物をしない自分になることではなくて
「否定しない自分」に変わること。—103

「大人が子どもを教える」のではない。
大人が学ぶ。自分が変わる。だから学校は楽しい。—108

子育てのコツは、自分の子ではなく、ほかの子を見ること。
それが自分の子にもかえってくる。—112

幸せになるために、子どもは学校に来る。大人がそっと
そばにいるだけで、どんな子も一人ぼっちにならない。—117

無理かもしれないと思ったときは、
主語を「先生」や「親」から「子ども」に変えてみる。—121

なにが「マル」で、なにが「ペケ」かを考えることは、
自分を見つめるきっかけになる。—125

第四章

# どう育てる？ 十年後を生きる力

## おわりに



構成・文／青山ゆみこ
装丁・ブックデザイン／中島三徳
イラスト／黒田征太郎
校正／ケイズオフィス
DTP制作／天龍社

〈第一章〉

# 「ふつう」の子どもなんていない

## 椅子に座れなくても
## 机をガタガタさせても
## ちょっと「困っている」だけ。
## それが「ふつう」。

「うちの子、椅子にじっと座れなくて、先生から困ってると言われ続けていて……」

こんな相談をしょっちゅう受けます。

でもね、「授業は座って受ける」のは日本の学校文化。オランダやスウェーデン、フィンランドなんかでは、フロアの床に座って勉強している子もいるし、椅子に座りたい子は座っている。

「ふつう」や「当たり前」はその国の文化や、時代で変わります。

多様な国際社会に通用する子どもを育てること、十年後の社会でその子らしく生きて働く力をつけるというのが、いまの学校現場の仕事。そう考えると、「椅子に座るのが当たり前」という既存の学校文化をまずは問い直さないとあかんと思いませんか。学びの目的とはなにか。それは友達同士、子ども同士が学び合うこと。姿勢を正して椅子に全員が座れているから「いい学校」という評価は、大きな間違いですよね。

いまどき、椅子に座れない子なんて、それこそ「ふつう」にいます。凝り固まった「当たり前」があるから、先生たちは必死で座らせようとする。うまくいかないと「指導力がない」と責められて苦しむ。座らない子の周りの子の親も文句を言う。

大人は自分の経験から判断するから、椅子に座ってきた自分たちが「ふつう」だと思っているんです。それで、座れない子を「変わった子」だと思ってしまう。だから画一的な学校文化しかつくれない。でも、そんな中で育って社会に出た子どもが、「なりたい自分」を自由に描けると思います？

机や椅子をガタガタさせるせいで、周りの子が勉強できない。迷惑がかかっている。うちの子は「ふつう」じゃないと悩む親も出てきます。

それも大間違い。

いまの時代、社会に出たら重度の障害がある人とも一緒に働くのが当たり前ですよね。有名な大学を出て、能力が高いと思われている人でも、隣に机をガタガタする人がいるだけで仕事ができないなら、それで本当に能力が高いと言えますか？

大空小学校では、椅子に座れない子がいるのが当たり前、暴れる子がいるのが当たり前、教室を飛び出す子がいるのが当たり前。そのことをみんなが共有しています。

怒られてじっとできるものなら、本人もそうしたい。でもいくら怒られたって、じっとすることが苦手な子もたくさんいる。机をガタガタさせる子を、「周りに迷惑をかける困った子」と見るか、「この子はみんなと一緒にいることに不安を感じて困っている子」と感じるか。

大人が「困っている子」を排除せず、「ふつう」だと受け入れると、そこにいる子どもたちはその空気を体で吸収します。

そんな子どもたちは、「自分が勉強できない理由が、この子が机をガタガタさせるせいだとなったら、よけいにこの子は困るよな」と考えて、うるさい音を邪魔に感じない学び方を身につけます。

それが社会で生きていくために通用する強い力になる。

そうしたことは理屈では教えられません。子どもたちはお互いがかかわりながら肌で感じて学ぶ。その吸収する元は、やっぱり大人の表情や言葉なんです。

机をガタガタさせるのはね、気持ちが落ち着かなかったり、安心できなくて、脳が危険地帯に陥って自分を守ろうとするから。体を動かしていないと、自分を取り戻せない。一生懸命なんです。

それを否定されたら、学校には行きたくても行けませんよね。それで不登校になる。「動いたらあかん」と怒られ続けた子は、自分が悪いと思ってしまうから、そのことを理由に言えなくなる。「しんどいだけ」なんて嘘を言う。

でも本当は違うんです。自分がいてはダメだと思って学校に行けない。それが理由で、基本的な権利である教育を受けられない。そういう「被害」を受けている子どもが山ほどいます。

面白いものでね、「机をガタガタさせる子は困っているから動いてしまう」と知っている周りの子どもは、その友達がガタガタさせていないときに、逆に「なんで動いてへんの?」「じーっとしてるで。動けや」なんて言うようになるんですよ。

本人も「え、俺、いま動いてなかった?」と驚いたりしている。

なぜそんなことになるのか。それは安心感があるから。ガタガタさせたって「ふつう」だと受け入れられて安心した子どもは、もう動く必要がなくなりますからね。たったそれだけのこと。その環境を大人がつくれるかどうかなんですよ。

## 「発達障害」という
## レッテルをはがせば、
## 一人ひとりの
## 子どもが見えてくる。

いまは「発達障害」という言葉で、子どもをくくって見ますよね。ほかにも、「ダウン症の子」「自閉症の子」なんていう言い方をよくしていませんか？「女だから」「男だから」という言葉にはいまの日本は過敏に反応するけれど、こうやって一人の子どもを障害名でくくってはめ込むのだって人権侵害ですよ。大人はそれにあまりにも反応しなさすぎる。

たとえば、「ダウン症の子」とまとめて言ってしまうでしょ。見た目などに共通するものがあるかもしれない。でも、ダウン症のAちゃん、Bちゃん、Cちゃん、一人ひとりの個性はまったく違います。

「自閉症」と診断された子がいても、まずその子がいて、診断名は後からついてきたものでしかありません。先に「障害」を見ると子どもの姿が見えない。まず、その子の「困っていること」を見る。ではこの子が困らないためにどうすればいいのだろうと考えて、子どもの背景にある障害を学ぶ。

このボタンをかけ違えると子どもは幸せになれない。そこに大きな違いがあると、私は子どもから学びました。

いま発達障害に関連した本が、書店にたくさん並んでいます。そうした本はあくまでマニュアルありき。

マニュアルというのは、「困ったときにこのやり方が使えるかも」と考えて、たまたまヒットした方法です。知らないよりも知っていたらいい部分もある。でもあくまで単なる教材でしかありません。

マニュアルがあると、困っている親は安心してその通りにしますよね。でも実際にはそんな簡単にはいかない。そうなると「なによ、この子!」とよけいに悩んだり迷ったりする。どうしたらいいのかは、十人の子どもがいれば十通りなんです。

発達障害というレッテルを貼られたある男の子が、四年生のときに大空小学校に来ました。前の学校では、三年間、特別支援学級で手厚い指導をしてもらっていたにもかかわらず、学校に通えなかった。
休み時間、みんなと遊びたいと思って、特別支援学級から出てみんなに寄っていっては、「教室が違うから向こういけ」と除《の》け者にされた。同じクラスにいるとややこしい、トラブルを起こす、邪魔だと排除され続けて、「頭をかちわって、脳みそを交換したら俺らの教室に入れてやる」とまで言われた。

周りの子どもは、彼には「障害」があるから自分より格下で、自分たちは「ふつう」だと、ある意味、刷り込まれているんです。

この男の子が四年生で大空小学校にやってきて、その年度の終わりごろのある日、校長室に来て、真剣な顔で前の小学校に戻りますって言ったんです。すごい覚悟と勇気を持ってきたことが全身から伝わってきました。

「そうなん、短かったですね。ではさようなら」

あえて私があっさり返すと、理由は聞かないのかと訊ねてきて、彼のほうから話し始めました。

「僕は学校に行ける子どもに変わりました」

大空小学校に来てから毎日学校に来られるようになった。もう教室にいても怖くない。いてもいいと自分を肯定できる。だから前の学校にも通えるはずなので転校するのだと。

続けて、こんな話をしたんです。

以前の学校で彼が不登校になったとき、毎朝泣いて学校に行くのを嫌がるのを、母親も泣きながら連れていこうとする。父親が彼を怒る。みんなが行けるのに、なぜおまえはできないのか。おまえが弱いからだ。そう息子を責める夫に対して母親が怒る。そんなふうに毎朝自分のせいで両親が喧嘩をした。そしてある日、父親が母親の頬をピシャッと殴った。

「それでお父さんとお母さんがお別れして、僕はお母さんと大空小学校に来ました」

子どもが学校に行けないという一つの事実が、社会のいろんなところで、いろんなものをむしばんでいる。そんな事実がたくさんあるのだと思います。

彼の心を最も大きく占めていたのは、「お父さんとお母さんが別れたのは、自分が学校に行かなかったからだ」ということだった。

学校に通えるようになって自分にゆとりができると、そんなふうに考えがいきついた。でもどう伝えていいかわからない。それで出てきた言葉が「前の小学校に戻ります」だったんですね。

自分が悪いと思ってしまうと、だんだん言葉が少なくなって、閉じこもって、はてには、「障害」などのレッテルを貼られてしまう。でも彼は大空小学校に来て、言葉を取り戻すことができました。

「いま悩んでいることはわかるよ。でもそれは当たっていません」

「なにが当たっていないんですか？」

「いまはわからへんと思うけど、男と女の関係はもっと深い」

「もっと深いってどういうことですか？」

彼は目をらんらんと輝かせました。

両親が離婚したのは彼が原因ではないこと、そんなことはいっさい気にしなくていいこと。

「あんたが大人になって、好きな人ができて結婚しようと思ったときやお別れしたいと思ったときにわかると思う。いまあんたが言っていることは百分の一も当たっていません」

そう断言した私の言葉を耳にして、「じゃあ僕、大空小学校にいます」とようやく安心したようないつもの表情に戻りました。

これが「発達障害の子ども」では見えてこない、「一人の子ども」の姿なんです。

## 変だと思う校則は、守る必要なんてない。制服も体操服も着られなくても問題ない。

ある講演会で、小学六年生の男の子に会いました。映画『みんなの学校』を観たらしく、私が講演に来ると知って、自分からお母さんに「木村さんに会いたい」「話を聞きたい」と言ってくれたそうです。

その子は「場面緘黙症《ばめんかんもく》」という障害名を与えられていて、家では言葉が出るのに、学校に行くといっさい言葉が出せません。そうなるとやっぱり学校に行きづらいですよね。大空小学校にも同じように言葉が出ない子がいたけど、顔でしゃべるし、文章ではみんなの前で発表もできたから、言葉で話ができなくても良かったんやけど。

その男の子は、会いにきてくれたけど、当然私にはなにも語らない。だからお母さんから話を聞きました。

彼は「体操服が着られない」。なぜかというと私服を自宅以外で脱げないからなんです。でも体操服に着替えないと体育の授業に参加できない。だから体育の授業を受けていない、と。

たとえば、中学校だと制服を着ないとあかんでしょ。でも気持ちが悪くて制服が着られないという子もいます。でも「制服を着る」のが「ふつう」だから着られない子はダメと言われてしまう。それだけで中学に行けない子もたくさんいるんですよ。

その子たちはね、家から着ていった服を外で着替えるという行為や、慣れている私服ではなくて決められた制服を着るという行為が、自分の中でとても苦しいんです。

私はお母さんにこう言いました。

「体操服に着替えるのが嫌なら、そのままの服で体育の授業を受ければいい。服が汚れたって家に帰って着替えればいいだけだから、大丈夫ですよ」

でも、彼の学校ではそうはいかない。例外を認められないと拒否されて、お母さんもお困りなんです。これがいまの世の中ですよ。さらにそのことで、お母さんは「うちの子が悪いのか」と悩んでしまう。

とんでもない話です。目的と手段をとり違えています。

体育の授業の目的はなんですか？　体を動かして学ぶということでしょう。体操服に着替えるということじゃない。自分の服であろうと、なんであろうと、やれることをやればいいだけです。

「多様な社会に通用する子どもをどう育てるか」ということが課題のいまの学校現場で、「体操服を忘れたら体育をやってはいけません」という大昔のルールを守っているなんて、矛盾していますよね。

私が親なら、「この子は体操服に着替えることができないので、この服装のまま体育をさせてください。この服装で怪我をしても、汚れても、責任は親がとります。周りの子どもたちには、この子が着替えられないということを親として説明させていただけるなら、私が話をします」と言います。

それでも「困ります」と言われたら、「先生、学習権についてはどんなふうに考えておられますか？」とちょっと勝負をかけるかな(笑)。それで裁判をしたら、一〇〇対〇で学校が負けますよ。

子どもには学習権があります。憲法二六条は、「ひとしく教育を受ける権利」を定めています。体操服に着替えないなら体育の授業を受けさせないというのは人権侵害です。

でも、こういうことをリアルに冷静に対話できる学校と保護者の関係性って、なかなかないですよね。親は、学校に都合の悪いことを訴えると、逆に子どもが先生にキツく当たられてしまうんじゃないかとか心配してしまう。「うちの子が迷惑をかけないようにお願いします」と頭を下げることだってあるかもしれない。でも、まず親がそんな意識を「断捨離《ダンシャリ》」しなくては始まりません。

いまは学校だけに子どもをまかせていられる時代じゃない。自分の子どもが学ぶ学校は、自分たちがつくらなきゃ。地域の学校は、地域の住民、保護者、教職員、子どもたち自身がつくる「自分の学校」でなくてはなりません。

簡単なことには思えないかもしれないけど、まず親である自分が意識を変えて、学校や保護者仲間と少しずつ対話を重ねていけば、案外、難しいことではないと思いますよ。

## 学校は「牢屋」だと感じる感覚。子どもは本来、そんな自由な感性を持っている。

大空小学校には、ほかの学校では通学できなかった子が、開校から九年間で全国から五十人ぐらい転校してきました。でも、みんな当たり前のように学校に通ってくるんです。不思議でしょ？

「なんでいままでの学校に行けへんかったん？　なにが違うん？」

そう聞くと、ほとんどの子が「空気が違う」と答えます。じゃあ、前の学校の空気はどんな空気？　そう訊ねると、どう返ってきたと思います？

「刑務所！」「牢屋！」「監獄！」

口々にこう叫ぶんです。

全国を回っていると、小中学生のお子さんを持つお母さんから、しょっちゅうこんな相談を受けます。

自分の娘が「学校に殺されるからもう行かない」などと恐ろしいことを言う。お母さんは当然なぜと聞きますよね。すると、娘さんが「あそこは牢屋だ」と訴えるそうなんです。

「そんなことを言う娘と、どうかかわればいいですか？」

悩んでいるお母さんに私はこう答えます。

私は五十人の子どもたちから「前の学校は牢屋、刑務所、監獄」と聞いてきた。そういうことを言える子どもこそ、「ふつう」の感性を持っているんですよ、って。お母さんはたいてい驚かれますけどね。

学校を「刑務所」だと言う子どもたちに、意味を説明してもらったことがあります。するとほとんどの子が次の三つの理由を挙げました。

一つめは、教室から勝手に出られないこと。つまり檻から勝手に出られない刑務所と同じだと。大空小学校の子は、しんどくなったら自由に教室を出ます。これが「ふつう」。

二つめは、教室の中で勝手に動くことを禁じられて、椅子にじっと座れと叱られる。刑務所の中で、動くなと言われるのと同じですよね。

でもね、子どもたちは、じっと座っていると苦しいから、体を動かしているんです。さらに苦しさに耐えられなくなると、教室を出ていく。そうするとものすごく怒られて引きずりもどされる。「死にそうになるから出るのに、教室に帰ったら死ぬやん。死ぬから行かない」って。

三つめは、刑務所の中では勝手に話せないこと。教室でも「おれ嫌やなー」「それええなー」と思ったことをしゃべると怒られる。だから「牢屋」だと。

どの説明にも納得でしょう。

説明してくれた一人の男の子に、思わず「刑務所って言うけど、あんた行ったことあるん？」と聞いたんです。その途端、彼は私の顔をぱっと見て、「校長先生って案外バカやな」って言ったんですよ。会った初日にですよ。この言葉、めっちゃ素敵でしょ(笑)。

私がバカな理由を説明してもらうと、「子どもが刑務所に入るか？　日本の社会で」って。それを聞いたときに、「あんた、かしこいなぁ、納得」と私が返したら、そこから彼はすごく安心した顔に変わったんですよ。

ほかの学校だと、「校長先生にそんなこと言ったらあかん」と指導が入るし、隣に親がいたら彼を叱るでしょ。だから、いままで誰にもそんなふうにものが言えなかった。でも子どもはね、「校長先生に言うのがダメなら、誰にやったら言ってもいいの？」ってなりますよ。不用意な一言が「大人の格差」を教えることにもなる。

そういうことが学校には蔓延していて、子どもは敏感にアレルギー反応を起こす。そうやって、いろんなところで戦っている中で「こいつは発達障害」とかレッテルを貼られて、「学校に来たらうるさいから、来てくれるな」とか友達に言われたりするんですよね。

でも「刑務所に行ったことあるん？」という質問に、「校長先生案外バカやな」と、そんなヒットな答えを返せるなんて、ほんとに素敵だと思います。

そして、こういう発言をする子こそが、学校で学びのリーダーになっていかないといけないはずなのに、感性が豊かであればあるほど黙って通してもらえない。

「じゃあ、大空小学校はどんな空気？」って聞いたら、なんと答えたと思います？

私の顔を見て、「え、ふつう」。そうや、これが「ふつう」なんや。心から納得です。

## 障害は病気ではありません。周りが育てば障害はすべて個性に変わる。

私は、保健体育を主に担当してきた教員なので、実は障害児教育には一度も足を踏み入れたことがありません。いわばまったくの素人。ど素人で「自分はなにもわからない」と思っているから、子どもに教えてもらうしかない。

大空小学校には、「障害」のレッテルを貼られた子がたくさん通ってくれました。その子たちと周りの子どもたちのかかわりがつくった事実を目にして気づいたのは、「障害は病気ではない」ということでした。

でもいま、親や教師が一生懸命やっているのは、障害のある子を「治し」て、少しでも「健常な子」に近づけるということです。

それはなぜか。障害を病気だと考えているからです。病気は治さなあかんでしょう。

でも障害は病気ではないから、「治す」ものではないんですよ。

特別支援教育の教材も山ほど出ているし、医学モデルを採り入れても、それはあくまで「障害を治す」という視点でしかない。

私はそれはなんだか違うように思うんです。

じゃあ、「障害」と言われているものはなんなのか？　そんな疑問を持ちますよね。それは、その子が生まれ持ったその子の特性、その子らしさ。「その子らしさ」＝「個性」じゃないでしょうか。

その「個性を伸ばす」ことは「障害を長所に変える」ことでもあります。だから、障害のある子がいたら、まず長所に目を向けることから始めます。長所を見つける手がかりは、その子が周りの子どもたちとどうかかわって、どんなふうに自分らしく生きているかを見る中で、自然と見えてきます。

そのためのきっかけは残念ながら大人が与えることはできません。子ども同士の関係の中で生まれるものだから。

でも、きっかけが生まれる土壌をつくる手助けをする方法はあります。

それは、その子の周りにいる子どもたちを、どれだけ育てるかということ。周りの子どもが育てば育つほど、障害のある子が存分に言葉を発し、存分に行動する。そのことが、迷惑だなんて誰も思いませんよ。

学校が「障害があるから別の学校・教室へ」という考えを持ったら、それは差別や偏見を教えているのと一緒ではありませんか？

障害があろうとなかろうと、外国から来た子どもであろうと、金持ちだろうが貧困だろうが、みんな「一人の子ども」。その一人ひとりの子どもが、子ども同士で学び合う、これが学校ですよね。

いろんな子どもがいつも一緒にいるからこそ、多様な社会で生きていく力を学べる。生まれてきたときから言葉を持っていない子もいます。それだけで周りに遠慮して、「社会の端っこのほうで生きていきなさい」「単純作業だけやりなさい」なんて言われる筋合いないでしょう。

障害を、国籍を、貧困を理由に、子どもたちの学びの場が分断されれば、子どもたちは将来、自分たちが生きていく社会を分断しなくてはいけない。そんなのろくな社会じゃないですよね。

分断は、障害がある子だけでなく、むしろその周りの子の大事な力を奪うことになります。いろんな特性を持った多様な人と一緒に社会をつくる大人になる。そのための力を小学校、中学校の義務教育で獲得していくんですから。

そう考えたらね、障害を理由に子どもを分けることなんて、子どもにとって本当に申し訳ない話じゃないですか？

一緒にいることが当たり前。でも、もし困ったことがあったら、臨機応変に自由にどんどん違う場で学べばいい。一緒にいることが目的ではないから。困ったことが解決すれば、また一緒に学べばいい。

子どもはみんな、子ども同士の関係性の中で育ちます。先生の力、親の力では育ちません。どんなスペシャルティーチャーがいても、一過性の力しかつけられない。

大空小学校には、あらゆる障害名を与えられて、障害者手帳を持った子どもがわんさかいました。その子たちは、誰一人もれることなく、前を向いて卒業していきました。いま立派に大人になっています。

その力ってなんでしょうね。

たとえば、自閉症の子を別室に分けて、彼らのためのスキルをつけましょうという特別支援学級があって、そこで挨拶の仕方とか教えてますけど、そのスキルって、将来、その子の役に立つのかと疑問です。別室で一人の先生が手厚い指導をしても、その先生が将来ずっと横にいて面倒をみてくれるわけではありません。

彼らに一番必要なのは、周りの子どもたちとどう対等に繋がるかっていうこと。それが「社会で生きる力」でしょう。

障害を長所に変えるための方法は、大空小学校では一つしか見つけられませんでした。その子の周りの社会をどれだけ育てるか。それだけなんです。

周りが育てば、障害は「個性」に変わる。

そして周りを育てるということは、すべての子が育つということ。障害のある子がたくさんいるから、自分も育つんだとわかれば、迷惑だなんて誰一人思うはずがないでしょ？

## 暴れる子。大人が信じて見守れば、クールダウンする方法を必ず自分で見つけ出す。

私が大空小学校にいた九年間で一番暴れた男の子がいました。ほかの小学校で暴れて放り出された子が大空小学校に来るわけですから、暴れる子を半端じゃなく見てきている私たち教職員でも、彼ほど暴れる子はいないというほどの暴れ方です。

机を倒す、突然暴れる、周りが怪我をする。彼が暴れ始めると、若い男の先生が止めに入っていました。でも「暴れるな」とは一言も口にしません。「大丈夫やで」って体に触って声をかける。それでも最低一時間は暴れる。

障害者手帳は持っていません。誰も取りにいけと言わないから。でも、彼が五年生になったとき、さすがにこれだけ暴れるのには、精神疾患などの原因があるのかもしれない。それならそれなりの専門的な医療施設などに入ったほうが彼のためになるんじゃないかと、初めて感じるようになりました。

職員室でそう話したとき、急にその場がなんともいえない空気に変わったんです。「あの子が自分の子どもやったら、学校においてほしいな」ある一人の職員がそうつぶやいた。このつぶやきがその後の原動力になったんです。自分の子どもなら、暴れようがなにをしようが責任を取ろうとするじゃないですか。「ほんまや、そうや」と職員の全員がそう考えた。

それ以降、彼が暴れることに「困り感」を持ったり、苦しんだりするのはやめよう、「よっしゃ、大空小学校においとこうで！」そんな覚悟ができた。そこからは一度もその覚悟がブレることはありませんでした。

そして、押してもダメなら引いてみようかと、職員もみんな楽しむような心持ちで彼と向き合い始めました。

次に暴れ始めたとき、私が彼に触ったら、当然よけいに暴れた。その瞬間、私は床に転がって「あいたたたた！　あかん、腰が、腰が！」って叫んだ。一番の年寄りが出ていく意味ってそこでしょう。すると暴れていた彼が一瞬ふっと止まったんです。それを見て、「ごめん、腰は治った」って言うと、またウワーッて暴れました(笑)。

次に暴れたら職員がどんな被害をこうむってでも職員室に連れていこうと決めました。そして職員室の机を移動して、真ん中にリングのようなスペースをつくり、そこにダンボールの箱をいくつも置いた。彼が好きなだけ蹴っとばせるように。

次の日、若い職員たちが、ひっかき傷をつくり、「髪の毛七本抜かれた！」とか騒ぎながらも、なんとか彼を連れてきた。職員室にいるのは、校長の私と養護教諭の二人です。

案の定、ダンボールを蹴って、大声を出して暴れていたけれど、床にマットも敷いてあるし、怪我をする状況にはしていません。

彼の横で、私たちは椅子に座ってコーヒーを飲みながら、「今晩のおかずなに？」なんて世間話をする。これも作戦通り。耳はダンボにしながら役者に徹していた。

十五分ほどたったとき、彼の動きが突然ピタッと止まって、すっと立ったんです。「えっ、どうしたん？」と聞くと、「俺、教室に帰る」と一言。

四年生のころからほぼ毎日暴れていた彼が、最後に暴れたのがこの日でした。

なぜこの話をするかというとね、本当にどうしようもない子なんて一人もおらん!!

そのことを言いたいからです。感受性の強い子は、周りの大人の言葉だけじゃなくて、見えない心の中までぜんぶ敏感に感じ取る。彼もまさにその一人でした。

彼はこの日を境に暴れるのをやめた。次、どうしたと思います？

それまでなら、そろそろ暴れそうやな……というときに、彼は透明人間のようにすぅーっと黙って教室を出て、校長室に入ってドアを閉める。誰にも入ってもらいたくないから。

校長室には私と彼の二人。彼はソファーに座って天井を見上げている。その顔は貧血で倒れる三秒前みたいに真っ白で、一言も発しない。

「なにかやることある？」と私が声をかけると、「べつに」。「私この部屋にこのままいていい？」「べつに」。それしか言いません。一日目は三時間ぐらいトイレも立たず、ただそのまま座っていた。

自分の意思でいままで暴れていた子が、自分の意思でクールダウンしようとしていたんです。もうね、これこそが、まさに生きる力でしょ。

自分はこうすれば落ち着く。こうすればまたみんなと一緒に楽しく勉強できるという方法を自分で見つけ出したんです。

その日から彼は毎日校長室に来た。すると三時間が二時間、一時間、三十分……だんだん時間が減ってくるんです。

一か月ほどが過ぎたある日、いつもは白い顔で透明人間のようにすぅーっと校長室に入ってきていた彼が、ガラッと戸を開けて、ドアを閉めもせずに、ニコッと笑ってソファーにドーンと座って一秒。パッと立って、私の顔を見てこう言いました。

「校長先生、俺、今日からけえへんからな」

「ええっ、けえへんの⁉」

「うん。俺もう大丈夫」

「なにが大丈夫なん？」

そう聞いてもなに一つ教えてくれず、ニタッと笑って無言で出ていきました。

この日から彼は一度も暴れることも、教室を出ることもなく、みんなと一緒にみごとに大空小学校のリーダーの六年生（六十七ページ）として活躍して、卒業しました。

職員みんなが「自分の子やったら」よっしゃ！　と覚悟を決めたあの日から、私たちが変わった。

彼が教えてくれたのは、どんなにしんどい子どもでも、みんなに可能性がある。「周りの環境が変われば変わる」ということでした。

# 「困っている」子どもが「困らない」ようになる方法は、子どもが教えてくれる。

困っている子を困らないようにする方法は、周りの子どもが教えてくれます。

一つ前に、一番暴れた男の子の話をしましたよね。

彼は卒業式の三日前に校長室に入ってきて、「俺、ナンバーワンやな」って私に言いました。この子は一番が大好きな子だったんです。ずっと父親に「一番になれ」って言われて育ってきたから。

お父さんは剣道の達人で、男は一番になれ！　と言われ続けて、彼は小学校に就学するまでの六年間を育った。ところが、彼が小学二年生になったとき、父親が突然リストラされた。これまで教育パパやった父親が介護の職について、夜勤のほうが給料が良いからと、夜間彼の前から姿を消したんです。母親もパートに出ているので、学校から帰っても両親が共にいない。彼は妹と二人で晩ご飯を食べて、朝起きたら父親は寝ている。そんな生活に突然変わった。

彼はね、家でずっと我慢していたんです。両親が必死に働いているという家の事情を誰よりもわかっている長男だった。妹もいるから家では暴れたらあかん。そうかといって、悶々として溜まってくるものがある。そんな家のストレスも含めて、学校で爆発させていたんです。

反対のパターンだってありますよね。学校では大人しく賢くしていて、家で暴れて家族が困っているという家庭もたくさんある。その場合は、学校が暴れられない場所だからストレスを家で爆発させる。

周りの子どもたちは、そういった友達の事情をなんとなく感じるものなんです。彼が教室で暴れそうだなという気配を感じると、みんながいっせいに机をバーッと移動させて彼から離れます。あるとき、その光景を目にした私は、なにか当たったら嫌やから、みんなが机を動かしていると思ったんです。

「冷たいな、なんで離れるん」

思わずそう言ったら、みんながなんて言ったと思います？

「校長先生わかってへんねんな。あいつの顔見てみ。もうそろそろ暴れるで」って。

「暴れたらな、机倒すやろ、筆箱とんでくるで。あいつ、いま困ってるやろ。困ってるあいつがとばした物で俺らが怪我したら、よけいにあいつが困るやろ」

これが周りが育つということです。

彼は困っている。困っている彼にどうしたらいいのか。本来なら、私たちが教えないといけない側なんですが、それを教えてくれたのは、彼と一年生のころから一緒にいた周りの子どもたちでした。

こういう、自分のわかってなさを教えてもらえる瞬間がある、それって本当に幸せなことですよ。

「校長先生わかってへんな」「校長、ブレてるな」。そんなふうに言ってもらえるぐらい、楽しいことはないでしょう。そんなことを言ってくれる子たちがいるから、私たちは安心していられるんですよ。

その彼が卒業式の三日前、校長室に来ました。

「これまでに俺より暴れたやついる？」

「いない」

「やっぱりナンバーワンやな。校長先生、俺のこと心配してるやろ」

「うん。あんた三日で中学校に行かれへんようになると思ってる」

「そう思ってたと思うわ。でも大丈夫。俺平気や。一度も暴れんと中学に行けるから」と上から目線で言うんです。

「その根拠を納得いくように説明してよ」と言ったら彼は、これまで私たちが一度も口にしたことがない言葉を言いました。

「俺、〝が・ま・ん〟ができるようになったから」

ひっくり返りそうになりました。彼は自分自身でクールダウンのやり方を見つけた。それが彼の「我慢」という言葉。「俺は自分で我慢できる力を見つけたからもう大丈夫」って宣言して中学に行きました。

そうやって子どもが自分でつけた力は、一生涯の生きる力となります。その後、周りの友達から聞くには「あいつな、ほんまに言うたこと実行してるで。笑顔で我慢してる」って。中学校の三年間、ただの一度も暴れることがなかったそうです。

周りの子たちもね、彼が困っている姿を六年間見て、一緒にその空気を吸っている。だから彼から学んでいることもとても多いはずです。お互いに学び合うってそういうことなんですよ。

## 学校で走り回る子どもが恥ずかしい？
## でも、その子は誰にも迷惑なんてかけてないよ。

ちょっと想像してみてください。入学式の日。講堂での式が終わり、新一年生の子どもたちが続々と教室に入ってきました。みんなきれいな服を着せられ、どこか緊張しているから、椅子にきちんと座っています。

でも一人の子だけが教室の中をずーっと走り回っています。教室には保護者も入ってきて、子どもたちの後ろにずらりと立っています。先生も入ってきた。

教室の中にいる大人は、「椅子にきちんと座っている子どもの保護者」、「一人走り回っている子の親」、そして「先生」。

自分事として想像してくださいね。

あなたが、椅子に座っているお行儀のいい子の親だったとしたら、その教室でどんなふうに思いますか？

「走り回ってる子、親がちゃんと叱ったらええのに」

「あの子、障害があるんとちゃう？」

「なんで障害のある子がうちの子の教室におるんやろ？」

あんな子がいたら、自分の子どもは集中して勉強ができない。あの子は迷惑な存在だと思った人はいませんか？

次に立場を変えて、一人だけ教室で走り回っている子どもが、自分の子だと想像してみてください。

周りの子はみんな座っています。横にはママたちがずらっと並んでいて、「誰、あの子のママ？」とひそひそ迷惑そうにしている空気、リアルに感じませんか。

うちの子が迷惑かけているなって、肩身が狭くないですか？

「大人になったら、みんなと一緒の社会を生きるから、障害があろうとなにをしようと、周りの子どもたちとの関係性の中で育てたい」

そう思っていたけれど、「迷惑かけて、うちの子いじめられるんちゃうかな」「邪魔にされるやろうな」

しっかり立っていたつもりが、船が転覆しそうなぐらい気持ちがグラグラになるかもしれません。

では、今度は先生の立場で想像してみるとどうでしょう。

一人だけ走り回ってる子がいる。後ろのお母さんたちの顔を見たらほとんどが怒ってる。一人のお母ちゃんだけがすまなそうな顔でうつむいている。

走り回っている子のお母さんに「大丈夫ですよ」と声をかけたら、周りのママたちが「迷惑かけてる子に、先生はえらい手厚くやってるなあ。嫌やねぇ」、と思うかもしれない。実際にそんなことを言われる現実もあります。

自分がもし先生で、そう言われたら？

「先生ってしんどいねぇ」という気持ちになりませんか。

先生の気持ちを想像してから、ふたたび自分がその教室で学ぶ子の親の立場に戻って考えてみると、「先生、こういう見方したらどうかな」とアドバイスしたい気持ちにまでなるかもしれません。

そこまで想像できると、どの立場の大人も、「この学級をどうつくるのか」と、一緒に考えて行動していけるんですよ。

困っている子の親も、周りの子の親も先生も、「そやな、そんな学級つくろうや」と、全員の共通理解のもとにやれる。それが「みんなの学級」「みんなの学校」なんです。

「どう、うちの子！　元気に走り回ってるでしょ。うちの子がいるから、周りのあなたたちのお子さんは、とっても素晴らしく成長できるんよ！」

といううぐらい胸を張っていい。走り回るから迷惑をかけているなんて、とんでもありません。

そんなふうに考えられる、一人の大人に変わっていかないとダメなんです。

大空小学校では、過去の悪しき空気を、創立の時点ですべて断捨離しました。

学校が改革をしようとするとき、たいてい元々あるベースの上でやろうとするんです。でもそれでは、うまくいかないときに必ず同じところに戻ってしまう。そんな土壌がある限り、改革なんて進みません。

学校をつくるという最初の段階で、みんなで集まってB４の紙を広げて、そこに「過去の悪しき学校文化」だと思うことを挙げてみました。

「校長がずっと校長室にいるのはおかしい」「親が文句を言うと、職員室で親の悪口ばかり言ってる教員ってどうなん？」「あの子が邪魔やとか子どもの悪口ばかり言う高齢の教員がいる」とか、あふれ出る声を書き出しました。

それを一覧にして、全教職員で「この中で残しておきたいものをピックアップしよう」と眺めた。すると残したいものなんて一つもありませんでした。

「じゃあ、これシュレッダーな」とみんなで納得して捨てた。捨てるということは「無」。なにもない状態。

そこから始まるから、後はつくっていくしかない。失敗しても、たったいま必要な着地点を新しくつくるしかありませんよね。

それが新しい学校文化になって、大人が変わって、子どもが変わっていく。

そうしてつくっていった学校では、入学式の日に子どもが走り回ったくらいでは誰も揺るがない。自分の子を恥ずかしいなんて思う親がいたら、周りの誰かが「あんた、それは違うで」と教えてくれますよ。

「すべての子どもの学習権を保障する」。これがパブリックの学校の目的ですから。

〈第二章〉

# 子どもはみんな大人を見ている

## 「いじめ」を教えたのは大人。子どもは大人の悪いところを真似しているだけ。

誰かを意図的に傷つけたり、いじめるという行為は「悪」ですよね。でも、もともと子どもは「悪」を持って生まれてきたわけじゃない。それなのに子どもが「悪」をするのは、子どもが「悪」を見たり、体験したりしているからです。

目に見えない差別や排除を、大人たちがしている。子どもはそんな大人を見て、真似をして育ちます。「大人が悪いことをするけど、僕はやりません」なんて、そんな天使のような子はいません。それが子どもです。

「人が人を殴る」という行為を目にしたことがない子が、誰かを殴れますか？　知らないことはできるわけがない。どんなことも見て聞いて学んで身につけます。

友達を殴る子は、大人が誰かを殴っている行為を見たから、それを真似している。

あるいは、自分が殴られた経験があるから、自分も誰かを殴る。

小学校に入学するまでの六年間、それぞれの家庭や地域で、どうやって育って、どんな空気を吸って生きてきたかが、子どもの身についています。

ずっと殴られてきた子もいる。その子は、相手が悪くなくても自分が困ったら人を殴ってしまう。そういう大人を見て育ったからです。

五十年ほど前は、いまよりも社会全体が画一的でした。格差もそこまでなかった。でもいまの日本は、三食のご飯をまともに食べさせてもらえない子もいれば、大切に何不自由なく可愛がられて育つ子もいる、格差の激しい社会になっています。

これだけ社会が多様化している中で、小学校に入るまでの六年間をバラバラの環境で育ってきた子が集められて、「お友達を殴ってはいけません。お椅子に座って勉強しましょう」と言えば、全員が「はい！」と応える。そんなこと成立するわけがありません。

殴る子がいて当たり前。学校は社会の縮図なんだから。

殴る子は、誰よりも困っているはずですよね。暴力を目の当たりにしたり、殴られたりして育ったわけですから。

それなのにその困っている子を、「あいつ、殴るから近くに寄せんとこ」と排除する子もいる。その子が人を排除するのも、どこかで見たり聞いたりしているからでしょ。知らなかったら意地悪もできません。

誰がその意地悪を子どもに見せたのか。大人しかいませんよね。吸収する元は、大人の表情や言葉。その意地悪が「いじめ」になる。「いじめ」を教えたのは大人なんですね。

殴る子もいじめる子も、どちらも本当は「困っている」子どもです。

こうした困っている子の存在に気がつくのは、とても難しいことです。その子に教えてもらう以外にはないいんだけど、子ども自身も自分が困っていることに気づいていなくて苦しんでいるから、誰かに「助けて」と言葉にできない。ましてや、困っている子どもほど、親には絶対に言えなかったりする。

だからね、近所のおばちゃんでも、いつも通る商店街のおじちゃんでも、地域にいる誰か一人が、「あんた、なんか困ってる?」「おばちゃんにできることあるか?」って大人がその子に声をかければいいんです。

一回や二回では信用されませんよ。だってそうでしょう。信用できないような大人を見て育ったから、困っているわけですから。

でもね、そうじゃない大人が、なにかにつけてその子の横にいるようになると、「こいつ信用できるんかな」と子どもが感じるようになる。そうやって信用できる大人が一人でもいれば、子どもは前を向くようになります。

それが教員であればいいけど、先生だけでは無理なんです。

「なんやかや言うても、おまえ先生やろ」って、私も子どもに言われましたよ。

六年生ぐらいになると、自分の親や家庭の状況がわかってくる。その日に食べるものもなく、家に帰ってこない親もいる。

「先生は給料もらってるんやろ。ご飯食べられへんことないやろ」

口に出してそうはっきり言う子もいます。そんな子は「先生なんかになにがわかんねん」と思いますよね。

大空小学校には、ある用務員の男性がいて、彼がいるから学校に来られる子もたくさんいました。

親でも先生でもないけれど、子どもの横にいる大人。友達の親でもいい。困っているのかなあと思った子どもがいたら、なんとなくでもいい、無視されたっていい、ちょっと声をかけるだけで、その子は変わることができるんですよ。

# 小学校の六年間は、「生きる力」の基礎が身につく時間。長い人生の中で大きな意味を持ってくる。

「大空小学校でうまく育っても、中学に上がると挫折するんじゃないか」

そんな質問をよく受けます。これは、大人が子どもを信じていない発想。子どもって、そんなちょろこい存在ではありません。

「なんであいつは机を倒すんやろう?」

「どうしてあの子は大きな声を出すん?」

「あいつがいっつも教室から飛び出すのはなんでかなあ?」

毎日毎日トラブルが起きる中で、子ども同士が「なぜだろう」と自分たちで問い続けて、大人も一緒に考えてきた。

「なぜ」の理由を知っているのは、教室を飛び出したその子や、机を倒すその子だけでしょ。その一人の子以外は、誰にも理由がわかりません。

そうしたら、まず想像するしかない。わからないということをわかりながら、「なぜだろう」って。それが子どもの学び、その子だけの力になる。

保育園や幼稚園などに通っていた幼児が中学生になるまでの、人生の中で人間として一番大きな発達をとげるのが小学校の六年間です。一番やわらかい、まっさらな心と体で、物心ついて初めて目にする社会。それが小学校。

そこで想像して考え続ける。そうして過ごして身についた力は、ちょっとやそっとでは失われません。

開校して一年後の四月、第一期卒業生が大空小学校に帰ってきて、私に突きつけた言葉をいまでも覚えています。

「先生、中学校って何で小学校よりレベルの低いことやるん?」

彼らが中学に入学したら、まず生活指導や体育の教師が、集団行動を植えつけようとした。「気をつけ! 前へならえ!」というのを、「おまえらなめるなよ」みたいな感じでね。

大空小学校出身の子たちが、きちんと前の人の後ろに並んで、ビシッと姿勢を正して立っていた。すると生活指導の先生が「おまえはどうして前へならえをしないんだ」って怒って飛んできた。

「前へならえをしています」と答えると、「嘘つくな！」とものすごく怒られた。でも彼らは、ビシッと並んで姿勢を正しているから、それ以上「前へならえ」ができない。そうしたら先生に引きずり出されて、「みんなを見てみろ。違うやろ」と怒鳴られた。振り返ると、みんなは腕を上げていて、自分は腕を上げていなかった。確かにそこが違った。

大空小学校では、「前へならえ」の目的は、前の人の後ろに並んで、自分の意思で姿勢を正すこと。自分の体のための「いい姿勢」を保つ。それが「前へならえ」であり「気をつけ」だと学びます。常に「なんのために」と、目的を考えて行動してきた。ところが中学では、自分の意思で考えることは関係なく、腕を上げたらマル、上げなかったらペケだった。

大空小学校は「号令で子どもを動かす」という、力で圧をかけるような大人と子どものかかわり方はしていません。月曜日の朝を例に出すと、土日離れていた友達と会うもんだから、そこらじゅうで子どもたちがわーきゃーと騒いでいますよね。

でも、講堂の中から音楽が流れ始めたら、聞いた子どもからどんどん講堂に入っていく。そして音楽が終わると、講堂内の空気がぴたっと止まる。そのときに彼らは縦も横も見事に整列していますよ。

中には、「発達障害」「重度の知的障害」というレッテルや診断を与えられて、障害者手帳を持っている子どもたちも大勢います。それ以外にも「並ぶ」ことに抵抗のある子どももいる。

ところが、誰一人動かずに、講堂の端から端までの空間をすべて使って、ビシッと並ぶ。おはようございますと私が言うと、全員がおはようございますと返してくる。そこから「全校道徳」という、「正解のない問いを考えよう」という一時間の授業に即入っていきます。これが大空小学校の当たり前でした。

いま、学校教育の多くの現場で、「一人ひとりの個性を」「主体的で対話的な深い学びを」なんて格好のいい言葉がたくさん並んでいますよね。

「人権尊重」「人を差別するな」などと言っている先生が、子どもを整列させるのに、号令をかけて「気をつけ、前へならえ、なおれ、休め、気をつけ!」ってやる。列が歪んでいたら、「どこ見てんねん」と怒鳴る。

そんな学校って、化石みたいじゃないですか。

第二期の卒業生も「先生、中学おかしいで」「犬や猫じゃあるまいし、なんで号令で人を並べるの」と言ってきた。

あ、またかと思って、そのときはこう返したんですよ。

「でもさ、中学校には中学校文化があって、集団行動っていう学習もあるから、そういうこともできる人間にならなあかんのちゃう？」

もう想像がつくでしょ。その子たちの反応が。

「校長先生、自分の言うてることとブレてるって気づいてるやろ」

小学校六年間で身につけた力は、そうそう簡単にはブレません。ごめんごめんと謝りました(笑)。

そして、中学校に変えてほしいと思う前に私たちが変わろうと、次の年から教職員みんなで考えた「中学入学準備セミナー」をカリキュラムに入れて、卒業前に実施しました。この年から、不平を言いに小学校に帰ってくる卒業生はなくなりました。

## 「あの子がうるさくて邪魔や」そうやって人を排除する子こそが、本当は不幸な子ども。

大空小学校を卒業して中学校に進んだ五～六人の子たちが、五月ごろでしょうか、職員室に暗い顔をして入ってきたことがありました。

大空小学校出身のある男の子、仮にケンタとしましょう。彼は、重い知的障害を伴う自閉症と診断されていて、小学校時代の六年間、「あー」という声は出せても一度も言葉を持ちませんでした。

でも、ケンタは一年生のときからいつもみんなと一緒にいることが当たり前だった。「一緒にいなければならない」ではなく、周りの子どもにとってもそれが当たり前。

この「当たり前」の違いが中学でぶつかりました。

ほかの小学校から来た子の中には、「ケンタみたいなアホなヤツがなんで俺らと一緒におるねん」と非難する子がいた。

ずっと「あ～」ってうるさい、勉強するのに集中できずに邪魔だ、ヨダレを出してる、椅子に座らずウロウロする……と。

「こういうヤツらは、俺らの小学校では違う部屋やったぞ！」

大空小学校の卒業生には、なぜ彼が邪魔で、彼のせいで勉強に集中できないなんて言うのか理解できなかったんです。なぜなら、大空小学校ではどんな状況でも集中する力を自分で身につけるのが当たり前だったから。この「当たり前」の違いは大きな違いですよね。

卒業生の子たちは、なんて相談しにきたかわかりますか？

「その子ら、ものすごく不幸やろ？　このままやったら不幸なまま大人になる。そうなれへんようにするには、どうしたらいい？」

彼らはケンタがかわいそうなんてまったく思ってない。困っている子を排除するという発想を持つ同級生が、不幸な大人になると心配しているんです。

校長に頼めばなんとかなるだろうという発想すらない。教育してもらったなんて思ってなくて、六年間、自分たちで自分の学校をつくってきたという自尊感情をぱんぱんにして卒業していったから。

自分たちにはなにができるんだろう。あるのはその「問い」だけです。

親として、自分の子どもはどんなふうに育ってほしいですか?

「うるさいヤツは邪魔や」と他人を排除する子。

「あいつ困ってるなあ、俺になんかできるかな」そんなふうに考えて、自分がめちゃくちゃ集中しないとケンタはよけいに困るだろうと想像する子。

これは障害のあるケンタが周りの子に排除された話ですが、本当にかわいそうなのはどっちですか?

「あいつは障害があるから、自分より格下」

「邪魔なヤツは社会から放り出せばいい」

自分の子どもが、そんなふうに考える人間になることは、親にとってなにより不幸ですよ。そこに親が気づかないといけませんよね。

同じクラスに困り事を抱えている子どもがいるからこそ、周りの子どもに人を大切にする力が育ちます。

学校や行政に任せるのではなくて、一人ひとりの親が自分に問わないといけないのはそこです。子どもの周りの大人こそが、自分はどう変わらなければいけないのか、「自分の中の当たり前」を問い直す必要がある。

人のせいにしている間は変わりません。でも大人が、自分の当たり前を問い直そうと考えてもがいていると、子どもはそれをきちんと感じて吸収します。

その姿を目にして、子どもが「大人ってまんざらちゃうよな。俺もあんな大人になりたいな」と思ってくれたら、もう花丸もいいところですよ。

そういう大人に自分がなれるかどうか。私はいつもそのことだけを目標にしていました。でもたまに失敗する。当たり前を間違える。そんなとき、子どもに「ごめん、失敗した。やり直しします!」と言ってきました。

そうしたらね、「そんな失敗するって校長先生もたいしたことないな。それやったら、俺も校長になるわ」って返ってきました。いいでしょ(笑)。そんなふうに思えるのもまた「当たり前」なんです。

## リーダーの役割が、自尊感情をぱんぱんにアップさせる。引き継がれるリーダーの条件とは。

「自分の学校」は誰がつくるか。

大空小学校では、自分の学校は自分でつくります。

六年生になったら全員が「リーダー」になります。いろんな障害名を持っていたり、不登校だったりした子どもたちも、みんながリーダーになる。六年生とは呼びません、呼び名も「リーダー」に変わります。

障害名を与えられていたある男の子が、六年生になった四月、校長室に入ってきました。

「校長先生、僕は今日から校長室には来ません」

「え、なんで?」

「僕は今日からリーダーです。リーダーですから、校長室で休憩なんかしてられません。じゃあ」

そう宣言して出ていきました。「リーダー」というネーミングが、彼の自尊感情をぱんぱんにアップさせたんですね。

その日の授業時間の終わりごろに、私が職員室から校長室に戻ると、なんと彼がソファーにトドのように寝転がっていたんですよ。驚くでしょ。

「あれ、なにやってんの？　さっき言ったことと違うやんか。自分で言ったことくらい守っとき！」

私は自分の理屈を、思わず上からばばばっと投げつけました。

それなのに彼はソファーに寝転がったまま、目も開けません。そして私に「黙れ」という意味で手だけ動かしました。

私が口を閉じると、彼はムクッと起き上がって私の顔を見て、なんて言ったと思います？

「だから、校長先生はダメなんです。僕はいま、リーダー休憩中です」

私は思わず「あ、失礼しました」って校長室から出ていきました。

するとチャイムが鳴って休み時間になった。その途端、「よし行くぞ！」と校長室から彼の大きな声が聞こえて、彼は校長室から飛び出しました。

運動場を見ると、運動場の真ん中で一年生や二年生が彼にまとわりついて遊んでいるんですよ。「いぇ〜い」とか言って、遠足ごっこみたいなことをして。

授業時間の教室内は、みんな六年生でリーダーばっかりでしょ。だから彼は授業中はリーダーという感覚を持てない。

休み時間は、一、二年生を相手に、全力でリーダーとして務めを果たそうとする。授業よりも「自分はリーダーなんだ」という自尊感情のほうが、彼にとっては大きな学びなんです。そうやってるとどっと疲れる。だから授業中は休んで体力をとり戻して、チャイムが鳴って休み時間になったら彼はまたリーダーになる。これも彼の大きな学びです。

すごいと思いませんか。私は彼のダメ出しにものすごく納得しました。ああ、私は相変わらず頭がかたくて同じことを繰り返しているなあ、ダメやなあって、やり直しをして、すとんとなにかが胸に落ちました。

これは彼が自ら獲得した「学び」です。十年後の社会で、彼が生かすであろう学びの力。それが一人ひとりの子どもによって違うのは当然でしょう。みんな特性も個性も違うんだから。

大空小学校では五年生は全員が「サブリーダー」です。サブリーダーは六年生のリーダーたちの動きを見て、次に自分がリーダーになったら、いまのリーダーを超えてやろうなんて思いながら見ている。だから、サブリーダーとリーダーの関係は憧れを伴った、とてもいい関係になります。

でも、同じ顔ぶれのはずなのに、四年生と五年生という関係だったときには、喧嘩ばかりしていたんですよ。それが、リーダーとサブリーダーの関係になると、互いに良いところを吸収し合うんですね。

この「リーダー」には三つの条件があって、卒業の前にその三つの条件が書かれた大きなバトンを、リーダー（六年生）がサブリーダー（五年生）に引き継ぎます。

リーダーの条件一は「先生に頼らない」。

「先生がなかなか見てくれへん」「校長が理解してくれへん」なんて思っていたら、自分の動きは制限されますよね。目の前の困ってる子どもだけを見て、自分はなにをすればいいのかと考えて、一生懸命その子のことにかかわる。子どもであってもリーダーである自分が主体的に考えて行動する。それが大切なこと。

リーダーの条件二は、「しんどい嫌な仕事は自分からする」。

私なんて教員時代は、大変な仕事を指示されると、「そしたらあんたがやってみ」

って校長に対してずっと思っていたものですが……。しんどい仕事を自らやっている「リーダー」だからこそ、能力があるないにかかわらず信頼が生まれて、人と人がつながっていきます。

そしてリーダーの条件三は、「文句を意見に変える力を持つ」こと。これはあとで（八十二ページ）詳しくお話ししますね。

結構大変でしょう。

でも、休み時間に能力を発揮する彼のように、みんなが自分のできることをリーダーという意識で取り組む。そうすると、学校ってどんどん変わっていくんですよ。大人の社会も同じことだと思いますよ。

## 宿題をしないのは、そこに意味を見出してないから。遅刻や忘れ物をする子にも理由がある。

遅刻をする子も忘れ物をする子もたくさんいます。

初めは、「遅刻させないようにしよう」と取り組もうとしましたが、無駄でした。

遅刻してきても「おお、よう来たな」でもうええわと、だんだんと思い始めたんです。

なぜなら、学校に来るのが面白くなってきたら、きっと遅刻しなくなるだろうから。

そうしたら、本当にそうなりました。

毎日遅刻してくる、ある男の子がいました。

その子は、家庭の事情で誰も起こしてくれる人がいないから遅刻する。その子はね、お風呂もあんまり入れていない。そうしたらどうしても臭う。自分でもやっぱり気にしているんですよね。

それなら、毎朝、学校に来て頭と顔と足を洗おう。「よし、俺、朝に洗うわ」と自分で決めた。そうしたら毎朝八時前に必ず学校に来るようになりました。「俺、みんなと約束したから、洗うわ」とか言って。

それって「遅刻はしてはいけない」という規則を守るようになったわけではありませんよね。

理由は一つ。彼に、毎朝早く学校に来る「目的」ができただけです。

よくね、「大人になって、社会に出て遅刻したら困るから」なんて言うじゃないですか。九割の大人が言いますよ。

でもいまは、遅刻して困るような仕事ばっかりでもない。フレックス制があったり、どんな企業に就職するかにもよるし、自分で起業したり、自分に合うように働ける時代になってきているでしょ。

忘れ物だってそう。ダメなのは本人にもわかっている。でも、なぜ忘れてしまうのかわからない。それは、そこに目的を見出せていないからです。

目的もなく規則を守るのは、単に大人の言うことをきいているだけのこと。目的も意味もわからないままに、我慢する力を伸ばす、忖度する力を伸ばす、空気を読む力を伸ばす。それでは逆に、子どもが本来持っているはずの力を抑えることになります。

そうではなくて、ありのままの自分を表現する。ありのままの自分を高める。それが学びに結びつきます。

人間関係でもそう。ありのままにふるまって自分を出したら、友達とぶつかることもある。でも、ぶつかったときに生きた学びを得ることができる。

ありのままの自分を出したらなぜ育つのか。それは本人が納得するからです。この「納得」がとても重要なんですよ。子どもはね、自分が納得すれば、勝手に学びます。自然と学力にもつながります。

宿題をしないのは、「こんな無意味なことをなんでせなあかんの」と思っているから。そこに学びの目的を見つけたら、自分にとって必要やと納得したら、やりますよ。

「納得」について、こんなことがありました。

大空小学校ではほとんどの子どもを下の名前で呼び捨てにします。「さん」とか「くん」とかつける子ももちろんいます。それはその子との関係で決める。規則なんてありません。

あるお母さんが私のところに来て、「私は自分の子どもの名前を呼び捨てにしたことはない。うちの子は名字に『さん』づけで呼んでください」って言いました。そうやってわざわざ言ってくれる親はありがたいですよね。もちろん、親の願いを受けて、みんなその一年生の男の子を「さん」づけで呼びました。

二年生になったときかな、私のところにその子が来て、聞くんです。

「なあ、なんで俺のこと、名前で呼んでくれへんの？」

自分だけ名字で呼ばれるのが嫌で、下の名前で呼び捨てにしてほしいって、その子が言う。

「わかった。いまからそうするわ」と呼び捨てでその子の名前を呼んだら、すごくニコニコと嬉しそうな顔を見せました。

職員の中には、親の意向があるのにヤバいんじゃないかと心配する先生もいました。

そうしたら母親がまた来た。

「うちの子が『校長先生がね、俺を呼び捨てにする』って言うんですけど」

「うん、呼び捨てにしてるよ、嫌？」

「なんかね……。でも息子は『それがええ』って言うから」

「ごめんな、よその子呼び捨てにして。自分の子でもないのに」

「うーん。微妙……」

でも、母親も「やめてくれ」とはよう言えません。「微妙」。これが、その子をいままで大事に育ててきた正直な母親の感覚ですよね。たかが出会って一、二年の先生に呼び捨てにされて。

でも、お母ちゃんの言うことはきけない。私はその子と約束をしたから。

男女差別しないようにと、生徒の名前をすべて、名字に「さん」づけで呼ぶように指導している教育委員会もありますよね。東京都の先生たちのセミナーに行くと、よく質問されますよ。子どもを呼び捨てにしているけど、怒られないんですか、と。「誰に怒られんの?」「校長です」「私も校長やったけど」「ですよね」なんて漫才みたいなやり取りもあります。

呼び捨てにするなと言うのもおかしい。でも、言われたからなにも考えずに守るほうもおかしいと思っています。だって、目的は「さんづけ」にするのか、呼び捨てにするのかではなくて、その子が安心して学べているのかどうか。子どもが納得しているのかどうか。そこですよね、一番大切なのは。

## 「学年」という一年ごとのくくりで子どもの成長を見ない。長いスパンで、焦らず見守る。人生は長いんだから。

一年生で学習することが、三年生になってもできない子どももいます。でも、六年生になったら、いつの間にかぜんぶできていることが多い。

いまの学校では、一年スパンで判断しますよね。それは先生がその学年で身につけるべき「ノルマを果たせ」と要求されているからなんです。

でも、子どもは六年間で必要なことを身につけたら十分でしょう。そこからのほうが人生は長いんだから。

小学校で、そういうふうに長いスパンで子どもを見られない一つの原因として、「先生がチームをつくっていない」ことがあります。自分一人でなんとかしようなんて、そんなの無理な話ですよ。

一年生の教室の横の廊下を通ると、やたらと子どもとぶつかるんです。「おおっ！　交通事故やんか」なんてことがしょっちゅうで、いつも誰かが教室から飛び出してくる。子どもたちは、教室でじっとしていることがしんどいから飛び出します。

大空小学校にはいろんな人が見学に来ますが、その様子を見て「ああ、学級崩壊ですか」とさらっと言葉に出す人もいます。「学級崩壊」ってメディアでもよく使われますよね。

私が「学級崩壊という言葉を使わず説明してください」と返すと、「みんなが教室の椅子に座っていないじゃないか」。子どもが椅子に座っていない状況＝学級崩壊という価値観を持っている大人がいるわけです。

面白いことに、二年生の教室の前に行くとぶつかる率が非常に下がる。三、四年生のフロアに行くとほとんどない。五、六年生のフロアなんて「え、別世界？」って感じですよ。これって、子どもの当たり前の発達です。

でも世間の「ふつう」はちょっと違う。

一年生ってまだ体が小さいから、大人が力で押さえつけられる「弱者」です。大きな体の先生が怖いから、小さな一年生はビシッと座っている。二年生になると、意思がはっきりしてくるので、学校に来られない子が増える。三、四年生になると、大きな声も出せて動き回って教室が荒れる。五、六年生になったら、もう先生の言うことなんかきかずに横を向いている。

どっちが「ふつう」だと思います？

「学年」という考え方を私たちは当たり前のように持っていますが、本当に当たり前なのでしょうか？

六年生の四月に、初めて大空小学校に来た男の子がいました。それまでの五年間、いっさい学校に通うことができず、義務教育の権利を奪われて、大きな裁判も経験している子です。

いろんな事情を抱えて区域外就学で入学してきた彼は、教室に入らずにまず校長室からスタートしました。そこは私とその子の二人だけの空間になります。彼が少し落ち着いてきたら、隣の職員室。先生たちの中にいることに慣れてきたら、次はその隣の事務室。少しずつ少しずつ学校に馴染んできたあたりで、本当は六年生の年齢だけど、一年生の教室からスタートしました。

その子が教室に入ってきたら一年生の女の子がどうしたと思います？

ふつうに「ここ、座る?」って彼に声をかけた。それから並んで一年生の授業に一緒に参加していました。

学校に通ったことがなかったから、運動会も初めてでしょう。玉入れも目にしたことがなかったから、楽しそうに見えたんでしょうね。

運動会の日に、玉入れになると、ぶわあっと走って一年生の中に交じって、夢中で玉をかごに入れていました。めっちゃ楽しそうやったなあ。

一年生でも作戦を立てる子がちゃんといるんですね。彼は年齢的には六年生だから背が高い。当然、玉の入る確率も高い。それに気づいて、一生懸命、玉を集めてその彼に渡すわけです(笑)。

玉入れが終わったら、私のところにその彼が走ってきて、「校長先生楽しかった。もう一回玉入れやりたい!」って言うの。「ごめんな、もうないねん」「えー」って。そういう彼の姿を、地域の住民の大人もみんなが目にします。

「六年生なのに、なんであの子は一年生に交ざってんの?」

そんなことは誰も言いません。もし、不思議に思ったとしても「五年間、義務教育から排除されてた」と知ったら、「よかったなー、玉入れ経験できて」って思いますよね。

「学年」なんて関係がない。

その子どもがいまなにをしたいと思っていて、なにができるのか。そこを見ようと思ったら、小学校六年間というものすごく成長する時期に、一年単位の短いスパンでは判断できることなんてほとんどありません。

ノルマを課せられた先生は焦る。するとお母ちゃんも焦る。そうしたら子どもは苦しいですよね。何も良いことなんてないでしょう。

小学校の六年間、そして、その後も人生は長い。それぞれの子どものペースで進めるように見守ること。大人ができるのはそれぐらいですよ。

## 文句の多い子は、自分の意見をたくさん持っている子ども。子どもの「文句」を「意見」に変える。

「文句」が多い子どもっていますよね。それに悩んでおられるお母さんもいるかもしれません。

でも、文句を言うというのは、自分を持っているということです。自分がない子だったら従順に「はーい、お母さん」って親の言うことをきくかもしれない。

子どもは母親とは違う存在として生きていくわけですから、自分を持つことは大事なことです。ただし、文句をそのまま口に出しても、自分の思っていることは相手にはうまく届きません。

私が入学式で必ずお話しすることの一つに、「文句を意見に変える力を持つ」ことがあります。これで社会が変わりますよ。

私もね、教員になって以来、「校長があかん」「この校長さえおれへんかったら」って、自分に不都合なことがあると、校長のせいにばかりしていたんです。それってただの文句でしょ。文句を文句として出すから、その先につながらないんです。

文句は未来につながらない。

文句は誰も幸せにしない。

そして大人の文句は、必ず子どもが真似をします。

でも、それを「意見」に変えるとね、その人の主体性が出てきます。

意見を発するのは、誰かに自分の考えを聞いてもらいたいからでしょ。そのときは人の意見も聞きますよね。そうやって「意見」と「意見」が接点を持ってくる。これが対話です。

文句は吐き出して終わり。

たとえば、私への文句で「木村、死ね」なんていう落書きと一緒です。落書きは誰が書いたかもわからないから対話もできない。目にした私はやっぱりひどく傷つくし、人を信じられなくなりますよね。

文句で未来が豊かになるか？　間違いなく、ならない。

「木村校長、アカンわ、なんかおかしいで。もっとちゃんとしてや、私ら困るねん」、これは文句です。

「木村さん、いまの言動はここに問題があるよ。だからその言動はしないほうがいいと私は思うよ」、これは意見です。

「文句を意見に変える力」は、自分をどんどん変えていくし、学びは楽しくなるし、学校も変わるし、社会も変えていける。

「文句を言ったらあかん」って、一瞬きれいごととして聞こえるかもしれませんが、「文句」が「意見」となれば世の中を変える大きな原動力になる、と発想を切り替えれば、まるで意味が変わってくるでしょう。

大空小学校の六年生は全員がこの力をつけます。

大空小学校に来る以前の学校で、「発達障害」と診断されていた子がいました。六年生になった彼がある日、「校長先生、これは文句ではありません」と校長室に入ってきました。

「はい、じゃあなに?」「意見です」「では、意見をどうぞ」とうながすと、「校長先生、ちょっと消えてくれますか」って言うんです。

これはね、自分がいまから授業をさぼろうと思っている。でもきっと校長はそれを見つけるだろうともわかっている。だから先回りして、「文句ではありません。意見です。ちょっと消えてくれますか」という意見を出したんです。

面白いでしょ。私はね、こうして子どもが真正面から向かってきたら、どんな耳に痛い意見でも「オールオッケーです」と答えます。

でも文句だったら、いっさい聞かない、受け付けない。だから、子どもたち全員が、自分なりに「文句を意見に変える力」をつけていきます。

このことを大事にしていると、それまで「文句」しか口にすることができなくて、はねつけられて居場所のなかった子どもが、自分なりに居場所を見つけていきます。

大人も同じですよ。

担任していた学級が崩壊して、自分もしんどくなって診断書を提出して休職していたような先生が、大空小学校に転任してくることもありました。でも、私が在職中、誰一人として先生が休職することはありませんでした。

また、モンスター、クレーマーと呼ばれるような保護者も誰一人出ませんでした。

これは校長に力があるとか、学校が素晴らしいとか、地域が良いとかという理由ではありません。文句を意見に変える。子どもも大人も、学びの場にいる一人ひとりがその力を自分なりにつけようとするから。ただ、それだけ。

それがあれば「みんなの学校」はどこの学校でもすぐにつくれます。

時々ね、子どもがなにか問題を起こすと、「自分の子どもに目を向けろ」と周りから責められるお母さんがいますよね。そのお母さんは「こんなに苦しいのに、他人にはわからんやろ」と、自分の子どもに目を向けたくなくなっていく。

でも、子どもが文句を意見に変える力を持って変わっていくと、「この子、ええとこあるやん。育ってるやん」と感じて、じゃあ私も文句を言わずに意見を伝えてみようって、子どもの姿を通して親も変わっていきます。

そんな事実を山のように見て、学ばせてもらいました。

大空小学校の六年生は、卒業式で全員がしっかり前を向いて、「自分らしく自分の言葉で語る」姿を存分に表現して卒業していきます。

「文句を意見に変える」ってね、「自分を確立する」ことなんだと思うんです。

# 腹が立っても子どもに怒鳴るのはやめようよ。そんなときこそ、人の力を活用する。

学校教育の目的は一つしかありません。

どれだけ貧困であれ、どれだけ重度の障害があれ、どれだけ人を殴ってしまう子であれ、目の前の一人の子どもが「安心して学んでいる」という事実をつくること。そのために必要な教員の資質とは、「人の力を活用する力」をどれだけつけるか。校長のときに、教員の評価基準にしていたのは、この一点だけでした。

まだ採用試験に合格していない臨時職員という立場のある若い男性教員が、小学四年生の子どもを相手に、自分の感情をヒートアップさせて怒鳴ったことがありました。彼は目の前の子どもにうわーっと大声で自分の言いたいことだけを言い放って、子どもをおいて教室から出ていってしまいました。

怒鳴られた子どもはどこに行ったと思います？　職員室に来たんです。

職員室のドアは、そっと開けて挨拶して許可が出たら入りなさい。そんなルールがある学校もたくさんありますが、子どもが困ったときに、そんなことしないと入れない職員室に行きますか？　行かないでしょ。

その子はなんにも言わずに戸を開けた。戸の開け方で、子どもがどんな気持ちで職員室に来たのかだいたいわかります。

そのとき、その子は地響きがするほどの音を立てて戸を開けました。職員室が「おおっ」と思わずどよめいた。すごい勢いで入ってきて、戸の前で寝転んだんです。

職員はみんな、「お、なにかあったな」と察知する。でも彼に声をかけると、「うるせーくそばばあ」とか言って、職員室から出ていくのを知っていますから、彼から声をかけられない限り、ただそっとそばにいる。

もし彼が声をかけてきたら、「うん。ほんで？」と聞けばいい。でも、彼はなにも言いません。

学校にはありがたいことに「ちくり」がいっぱいいるんです。このちくりはすべて子ども。彼の周りにいる子どもたちです。彼が職員室に入ってきた後、クラスの子どもたちも入ってきて、「あれ、あかんで」と教えてくれた。

もうね、先生のことを「あれ」なんて言うのは悪いですよ。でも、悪い言葉を使うのが子どもで、約束を守れないのが子どもで、未熟でつたないのが子どもなんです。

だからこそ義務教育の間に、先生と子どものお互いが、どれだけ失敗して、どれだけやり直すかに値打ちがある。そのやり直しの力が、十年後の社会で生きていく力につながるんです。

そうこうしていると、若い教員も職員室に来ました。彼はまだ「人の力を活用する」なんて全然わかっていない。自分が子どもに言うことをきかせなあかん。そのことしか頭になかったんです。

彼は椅子がいっぱいあるのに、私の前で床に座ったんです。

怒鳴られた男の子が、床に寝転がったまま私たちの話を聞いているのが気配でわかります。

私は若い先生に一つ質問しました。

「なあ、あんたが大きな声で怒鳴ってたやろ、あれは演技？　それとも本気？」

大きな声で怒鳴ったらあかん、ではありません。「ばかやろー」って怒鳴っても演技なら冷静ですよね。

でも、そこで彼は「本気です」と即答した。

「あんたが怒鳴るだけ怒鳴ってほったらかしていった子が、興奮して四階の窓から飛び降りて死んだらどうする？」

感情にまかせて怒鳴ると、そこに見えているのは自分の感情だけでしょう。感情的になって、大きな声で怒鳴りまくって、もしかしたら物の一つぐらい投げてるかもわからないとき、そんなときに、子どもがその空気をどう感じているかわかりますか？　子どもの気持ちを考えるゆとりなんてとうてい持てません。

そういう話をしました。

だから「大きな声で怒鳴ることはやめような」と、いつも言っているんですよ。

そりゃ腹立つときもありますよね、人間やもん。でも、腹が立ったときに感情をむき出しにしたらダメなんです。

そんなときは、自分は引いて、その子が前を向ける相手にバトンタッチする。これが「人の力を活用する」ということです。

いま大人に一番必要なのは、自分は無理と判断する力。いまの自分には無理やと思ったら、その子にとって必要な周りの人間にバトンタッチする。家庭だったら、おじいちゃん、おばあちゃん、夫とかきょうだいとか。もしバトンタッチする相手がいないときは、引く。

ママ友とのやり取りでも、悪口言われたら「なんなん⁉」って腹立つこともありますよね。

でも、怒りにまかせて反撃する前に、「この人は、なんでこんなことを言うのかな」って、そこでワンクッションおいて考えられたら、「この人、もしかしたら自分が困ってるのかな。あんなことを言う理由を聞いてみようかな」とかいうことに思いが至るんですよね。

そういう大人のつながりを、子どもはそばで見ていて、真似して大人になっていくのです。

〈第三章〉

# 大人の自分がスイッチ変える

## 私は親として一〇〇パーセント失格。自分の子育てで唯一良かったのは、「親の仕事」をしなかったこと。

私には娘が二人います。正直、「親の顔が見たい」というような子どもですよ。素直で従順で、一緒に外に出ても「いやあ、いい娘さんやねぇ」って言ってもらって、最終的には自立して、幸せな家庭を持って……母親としては、そういう願いを持っていたはずですけど、まったく違う。そのことに私が納得しようがしまいが勝手にそうなった。大人になったら親の言うことなんかききませんからね。

小さいころ、下の娘は、「大きくなってお姉ちゃんがどっかに行ったら、お母さん一緒に住もうね」なんて言う子でした。対して上の娘は、「こんな家、一日も早く出ていきたい」といつも言っていた子。

ところが私はいま、「こんな家出ていきたい」と言っていた上の娘と、二世帯住宅で住んでいます。下の子は、「私に結婚という二文字はない！」とか言って、どこでなにやってるかわかれへんような感じ。仕事に生きていて、今年の正月も家に帰ってきませんでした。そんなもんですよ。

なんだかね、皆さん勝手に『『みんなの学校』の校長先生なら子育ても上手」みたいに思われるでしょ。〝子育てのスペシャリスト〟みたいに言われることもありますが、全然！

自分の子なんて無理。人の子だからできるんです。

あとね、うちの娘は、どちらかというと「クレイジー」で「ワイルド」なんです。疑問を持ったら「おかしい！」と声を上げるタイプで、忖度のようなことはいっさいしない。そのために自身の子育てで苦しい思いをする時期もあったようです。

私は親として、自分の子どもには「みんなと同じように仲良うしとってよ」という勝手な気持ちがある。これがね、自分の子ども以外の子となると、「仲良くすることなんて大事とちゃうで」って言ったりする。分裂する自分がいるんです。「自分の子どもは自分が育てられる」なんて大間違いだと、身をもって体験しているわけです(笑)。

他人の子どもは、「わからない」というところがスタート。だから、ちゃんとその子を見ようとしますよね。

「自分の子どもは見ないで、自分の子どもの周りの子を育てよう」を合言葉にしているのは、自省も込めているんです。

他人に育てられたらね、子どもって育つんですよ。不思議なもので。

うちの娘二人を育てたのは私の母です。彼女たちにとっては、おばあちゃん。毎年、母の日に娘二人に「お母さん、お金」って要求されるんです。仏壇の私の母にお供えするものが、たとえば二〇〇〇円でも三等分。母の日は、私の母への感謝の日。子どもは自分を育ててくれたのは誰か、本当によくわかってますよね。

上の娘と二世帯で暮らしている家は住宅街にあるんですが、お向かいさんやお隣さんの四軒ほどのお宅が、私より少し年上の、子育ての終わったご夫婦ばかりなんです。私はほとんど家にはいない。そうしたら、いまはその方たちが上の娘の面倒を見てくれています。

私は挨拶程度ですけど、娘はこの四軒のお宅とものすごく密なコミュニケーションを取っています。

私には孫にあたりますが、娘には男の子が二人いて、その子たちの幼稚園が制服だったんです。でも、購入した制服が袖も丈も長くてぶかぶか。娘は自分でお直しなんかできません。ふつうなら親の私をまず頼るでしょ。でも、まったく私をあてにしていない。

斜め向かいのお宅のおばちゃんが、ミシンが趣味だと知っているから、その方に袖も丈も直してもらった。その上、そのおばちゃんは、孫がウルトラマン好きだと知っているので、ウルトラマンの生地を買ってきてくれて、幼稚園用のバッグとかお道具箱の袋まで全部縫ってもらっているんですよ。

私はそんなことまるで知らなかった。ある日、娘から、御礼に渡すお菓子を買って帰ってほしいとメールが入った。聞けば、そういう事情だったんですね。

すると今度は、そのおばちゃんが御礼の御礼みたいな感じで、自分のつくったぼた餅を持ってきてくれました。

彼女は本当に地域とうまくつながっていますよね。学校で地域づくりがどうのと言っている私にも、到底できません。

パーフェクトな子育てとか、親になにが「できる・できない」なんて、子育てには不要な言葉ですよ。それぞれができることをつなぎ合わせて、みんなが納得していけばいいんじゃないかと思います。

私が親として良かったところはたった一つ。「親としての仕事をしなかった」ということです。ね、なんだかみんな自信が持てるでしょ(笑)。

私を産んで育てた母は、もう本当に〝私が命〟やったから、すごい母やったと思いますよ。でもこの母は私のことを、「世界一の親不孝者や」と思って、お空にいると思います。

私は自分の子どもに母のような子育てができませんでした。自分を棚に上げるわけじゃないけれど、そう気づいたら、誰かほかの家の子どもにそれを返していけば、世の中はうまく回っていくような気がします。

# 子どもは笑っている大人が大好き。周りの大人が笑っていれば、子どもも笑う。

子どものことで悩みを持つお母さんに、よく言うことがあります。

眉間にシワ寄せて悩むのは、相談する相手がいないからでしょう。相談する相手がいないのに解決に向かうわけがない。だから悩んでも無駄ですよ、と。

それはね、何もしなくてもいい、という意味ではありません。自分の子どものことで悩んだら、自分の周りの子たちのことを知ればいい。

「自分の子のことを理解してくれ」「うちの子が排除されてる」とか、そう言って学校や教師と対立して文句を言っても、解決にはつながりません。

親は、学校に「子どもたちに学ぼうと思うので、私も学校で学ばせてください」と言えばいい。学校は、子どもも大人も、誰もが学ぶところだから。

スイッチを変える。大人の自分が、「周りの子どもから学びたい。そのためにできることをやりたい」って。

校長も、先生たちも、みんな同じ学びの仲間であり、親の味方です。

たとえば、大人のボランティアとしてどんどん学校に入っていけばいい。「学校に入ってもらっては困ります」という学校は、まだ少なくありません。でもね、そんなの時代錯誤も甚だしいですよ。

ただ、学校に入っていくときにね、鉄則があります。自分の子どもは放っておくこと。自分の子どもではなく、その周りの子どもたちをよく見て、困っていそうな子がいたら横にいって「なんかやることある?」って声をかける。

最初は挫折を感じることもあると思います。

もし、自分の子どもをいじめている子がいたら、そのいじめている子が不幸なわけだから、「その子に自分はなにができるかな」と、一人の大人として考える。

この「困っている子になにができるのか」という部分でブレないことがとても大切です。だんだんと自分の中にブレない芯のようなものができてきます。

「あ、ブレない自分がいるな」って気づいたら、めっちゃ楽しくなりますよ。これが学び。学びはほんとうに楽しい。

親と学校が敵対してうまくいかないケースが、いまも全国で山ほどありますよね。一つの原因は親が学校に依存しているから。学校にはそんな力はないと知ることが大切。社会の力のほうがうんと大きいんです。

大空小学校では、親もそうだし、地域の住民や学生といったたくさんのボランティアが学校に入って、困っている子の横にいつもいてくれる。本来、私たちの仕事で気がつかないといけないのに見逃していることを、地域の人が気づいてくれて、横でサポートしてくれるんです。

そうなると私たち教員の仕事はどんどんスリムになるでしょ。当然、先生たちはみんな笑顔になります。みんなが「学校って楽しいねー」って生き生きしてくる。先生たちがキャッキャと笑っているから、子どもたちもギャーッて笑う。地域の人たちもボランティアもみんなギャハハと笑う。

子どもって、大人が笑っているのを目にするのが大好きじゃないですか。そうやって私たちが毎日笑っているのを見ているから、大空小学校の子はみんな「先生になる」って言います。

「なんで？」

「だってめっちゃ気楽そうやん」

そのとおりなんですけど(笑)。

「俺、校長になる」という子もいて、理由は「みんなの中で一番暇そうやから」ですって。いつもコーヒー飲んでて、一番気楽そうや。だから俺、校長になる、と。

最初のころはものすごく苦しかったですよ。でも大空小学校が、地域でつくられる「みんなの学校」になっていくに従って、「こんなに気楽?」っていうぐらい楽しかったですね。働き方改革なんてまったく必要ない。五時になったらとっとと帰る。だって子どもがいないのにすることなんてありませんから。

教員の残業が問題になることもありますが、大空小学校には学生ボランティアの名札が二百以上ありました。「大学に行く前の一時間だけ」と寄って、宿題の丸つけなどもやってくれる。その間に教員は別の仕事に集中できますから、残業なんてすることがない。

学校は地域のもの。

それが「ふつう」とわかれば、学校にだけ求めても話にならないことに気がつくでしょう。親は自分の子どものことだけを悩んでいても意味がない。そう気づいた大人が、ちょっとずつ自分から変わっていくと、悩みはいつの間にか消えて笑っていたりするものなんですよ。

## 大事なのは、忘れ物をしない自分になることではなくて「否定しない自分」に変わること。

多様な学びについて、自分のエピソードを発表するという、大きな会に審査員として呼ばれたときのことです。

一人の高校生の男の子が、こんな自分史を語りました。

自分はこれまで常に忘れ物をしてきた。先生にも怒られるし、もちろん忘れ物をしたくないと思うけど、どうしてもいまも忘れ物が直らない。

みんなはなぜ忘れ物をしなくてすむんだろう。自分はなぜ忘れるんだろう。そうやってずっと悩み続けて……、それが僕の短所だ、と。

この話を受けて、いろんな人がコメントをしました。私ね、その子の話を聞きながらどう考えていたと思います?

「そんなことで悩んでたらアカンやろ」って(笑)。

私がコメントする順番がきたとき、こう話しました。

「忘れ物することを自分の短所って言っていたけど、違います。それはあなたに与えられた長所です。忘れ物をなくそうなんていっさい思わなくていい。無理です。無理なことは目標に持たないほうがいい」

「えー!?」っと驚いて、その男の子の顔色がみるみる変わりました。

「あなたは自分が忘れ物をするという自覚を持っている。あのね、直そうと思って直るのなら、義務教育の九年間で直っているはずですよね。直らなくてもこうやって世の中を生きてきた。ということは、忘れ物はあなたの人生にとって、たいした問題ではないということです。短所ではありません。忘れ物をしたって十分生きていけるという長所なんです。短所だなんてつまらない捉え方をしていたら、人生ちっこいでー。今日からそれを長所に変えていけばいいよ」

その高校生は表情をパッと明るくして、「ありがとうございました!」と笑顔になっていました。

大人になって必要なのは、忘れ物をしない自分になることではありません。

学校の先生は、忘れ物のことは目に見えるから強く指導しようとするけど、見えないところは指導できません。

でも、本当にその子に大切な指導ってなんですか？　その子は心の中で自分を否定している。でも「否定しない自分に変わることができる」と知るほうが、その子にとって本当に必要で大事なことじゃありませんか。

親もそうです。見えるところは親ぶって指導するけれど、見えないところを指導するのは、苦手です。忘れ物は見えるけど、友達をバカにしていたりする心の中は見えていないでしょ。本当なら、そっちこそ気にかけないといけないところなのに。

見えないところをどう見るか。それは、目の前の子どもに「教えてよ」と学ばせてもらう以外の手段はありません。

大空小学校でも、忘れ物ばかりする子はたくさんいました。子どもが先生に「○○を忘れてきました」と言ってくる。たいていの先生は「なんで忘れたん？」と聞きますよね。これって意味がありますか？　忘れてきたんやもん。しょうがないやん。

ではなんと声をかけるのか。そんなの決まってます。

「じゃあ、どうする？」

それだけ。

あのね、忘れ物をするってね、すごく力がつく機会なんですよ。忘れたというのはピンチ。このピンチにどうしようって考えるチャンスです。「大変！」と思うと、なんとか方法を見つけようとする。そのときに必ずその子は変わる。そういうことを経験すればするほど、社会で生かせる「生きて働く力」がつきます。ピンチはチャンス。ありのままで、勝負できる自分になればいいんです。

少し話が変わりますが、担任の先生が一人で、クラスの全員を見ないといけない、というのは、これまでの学校の常識です。

担任は、この子はマル、この子は忘れ物をするからペケ、この子は人を殴る悪い子と単純に「評価」をする。世の中に「ふつう」という基準があって、忘れ物が異様に多かったりすると「ふつうじゃない」と評価したりする。「ふつう」という基準があるから、その向こうを見ようとしない。考えなくてすむんです。

最近だと、友達に暴力を振るう子は「発達障害」だと言う。

発達障害だから人を殴る子なんて、一人もいません。殴るのは必ず原因があるからです。でも、その原因を子どもと一緒に話し合って、「なんで手をあげたん?」「そっかあ、それが原因か」と対話ができない大人が増えています。

殴る行為だけを取り上げて、どれだけやめろと指導したところで、子どもは絶対に納得しない。今度は隠れて殴るようになる。

殴られる子は、先生に言えば「おまえ、言うたやろ」とまた殴られるから相談もできない。そのうち学校にも来られなくなる。自ら命を絶つ子には、残念ながらそんなパターンが少なくありません。

大人はね、本当に困っている子をいつも見逃すんですよ。ちゃんと座って「はい」と言えても、心の中にものすごい闇を抱えている子もいる。一人の子を三六〇度、全方向から見るなんてできません。

ではどうするか。それはやっぱり信頼してもらうことですよね。「困ってるねん」って言ってもらえる大人になること。これもほんとに難しい。

でもね、一人では無理だけど、みんなでなら見られるでしょう。自分は六〇度は見られる、残りの三〇〇度はほかの誰かに助けてもらう。そんな「チーム力」も必要です。

周りの大人、周りの子ども。みんなに助けてもらえばいい。そうすれば一人では見えないその子のことが、必ず見えてきますから。

## 「大人が子どもを教える」のではない。大人が学ぶ。自分が変わる。だから学校は楽しい。

「私はいい先生ですよ。私のクラスになってアタリでしょ」

そんな鼻が天をむいた先生が集まって、子どもに「教えてやろう」という空気があると、これまでにいろんな経験をしてほかの学校から転校してきた子はまた、学校に来られなかったと思います。

大空小学校に一人だけ入学式に出られなかった男の子がいました。

彼は入学式の会場に入ることができなくて、式の間ずっと運動場を走り回っていました。

彼は家に居場所がない子どもでした。中学生のお兄ちゃんがいるんですが、兄ちゃんの髪の毛はまっ金々で歯はボロボロ。中学校は髪の毛を黒に染めないと入れてもらえないから、学校に通えていない。昼夜逆転で、午前中は寝て、夜になったら徘徊してタバコ吸いまくって、母親にタバコ代を出せと迫る。もらえなかったら母親をボコボコに殴る。母親がパトカーを呼んで警察官が仲裁する。

これが、その子の家庭生活です。この子が生まれてから小学校に来るまでの六年間、そんな生活背景や過去があるなんてこと、私たち教職員は知らなかったんです。

もし、学校に学習規律や学習スタンダードがあって、椅子に座るのが当然で、先生の言うことをきくのが学校だという空気であれば、彼は入学式翌日から学校に通えなかったと思うんですね。学校にも彼の居場所がないから。

彼以外にも、いろんな事情を抱えた子どもたちがいました。その全員が大空小学校に通うことができたのは、大空小学校に、足並みをそろえるためのルールがない、「正解」がないからではないでしょうか。

正解がないとね、先生も子どもも、ありのままの自分を出せる。出すしかない。えんりょせず、笑いたいときは笑う、おかしいと思うときはおかしいと言う。これを一番大事にしてきました。

正解を言わなければいけないと思うと、子どもはなにも言わなくなっていきます。家では「べつに」とか言って、学校では黙ってる。学校で「べつに」と言ったら怒られるでしょ。面倒くさくなったら「わかりません」「どっちでもいいです」と言って事なきを得るようになる。それは、ありのままの自分とは程遠いですよね。

大人の私も、子どもたちに身ぐるみをはがされて、ありのままの自分をさらされる。さらし合った関係だから、「これはやめとこ」「これはいける」となにかあったときに体で感じることができるんです。そんな毎日の積み重ねで大人である自分が変わる。これが学びですよ。ありのままの自分を出さずに、スイスイ世の中を渡っていっても楽しくないですよ。自分が変わらないから。

定年を迎えて退職する女性教員が、最後の日に、職員室で若者の先生に向けて叫びました。

「みんな、学びは楽しいよ！」

その日を最後に教師を辞める、六十歳のベテランの教員の言葉を耳にしていくうちに、若者の教員たちの目がだんだんと輝いていきました。

「私ね、大空小学校に来るまでは、先生の仕事は子どもを指導すること、子どもを変えることだと思ってた。だから、子どもが変わらないと、いらいらしたよ。子どもが変わるまで、これでもかこれでもか、って自分の力を必死に出した。子どもを変えることが教員の仕事だと信じていたからね。だから苦しかったわー。でも、大空小学校に来て、教員の仕事は『教えることではない』と、この九年間、体で教えてもらった。『学びとは、人を教えることではなくて、自分が変わること』だと知った。だからいま六十歳になっても、自分を変えようと思えば、まだまだ変われると知っている。この歳になってもまだ変われる自分がいる。それに気がついたら、この先の人生もこんな楽しいことはない。学びはほんとうに楽しいよ」

そう言って退職していきました。これが、教師生活をまっとうした一人の人間の残していった声。

それを受けてね、若い先生たちも「そうなんや、学びは楽しいんや」と気持ちが変わり始めました。

子どもだけじゃない。学校というのは、先生も親も地域の大人も、みんなが学びにいくところ、自分を変えるところ。だから学校は楽しいんです。

これを読んでいるお母さんたちも、どんどん学校に入って学んでほしい。変わっていく自分を感じることは、本当に楽しいから。心からそう思います。

## 子育てのコツは、自分の子ではなく、ほかの子を見ること。それが自分の子にもかえってくる。

入学式で校長として伝えたことは、二つしかありませんでした。その一つが、「今日から皆さんは『保護者』という名前をシュレッダーにかけてください」ということ。

いきなりその場の空気が変わりますよ。この校長、変わってるなあって。

保護者というネーミングは、それぞれの家庭の中だけのもの。学校には、自分の子どもの周りにたくさんの子どもがいますよね。

自分の子どもを育てたかったら、自分の子どもの「周りの子ども」を育てましょう。

これを合言葉のように伝えます。

校門を一歩入れば、保護者という名前はなくなるけれど、「代わりに皆さんにサポーターという名前をプレゼントします」

と言うと、そこは大阪、「誰もくれって、言うてへんのになー」という空気です。同時に、もう何度もこの話を聞いているお母さんからは「まあ、くれるんやったら、なんでももろとき」とか、そういう突っ込みも入ります。これがまたありがたいんですよね(笑)。

そしてこんなことを伝えていきます。

皆さんはサポーターです。サポーターのルールは自分の子どもは見ない、話さない、さわらない。

もし時間があって、カフェでママ友とお茶する時間があるんだったら、学校にお茶を持ってきて、学校でお茶してください。学校には、いっぱい子どもがいます。だから時間があれば、学校に来て出会ってほしい。

すべての教室を開いています。だから気にせずにどんどん教室に入って、困っている子のそばにそっといてください、と。

サポーターの仕事は、自分の子どもの周りの子どもを育てることです。親が自分の子どもを育てるなんて、絶対に無理。二人の子どもを育てて、失敗してきた先輩の私が言うんだから、本当の話ですよ。

そう言うと必ず大きな笑いが起きるんですけど。

自分の子どもとなると、どうしても「自分の囲い」の中でしか、見られない。大きな社会の中で、この子はどんなふうに生きるのだろう。それが見たければ、自分の子どもの周りの子どもにかかわればいい。

やっぱりいますよ。自分の子どもの隣の子がいつも椅子をガタガタさせてて、落ち着いて勉強できないんじゃないか、と心配する母親が。そんな子がうちの子の隣に座っていたら邪魔だからどうにかしてほしいと思う母親も。

そんな母親が、その隣の子にかかわるようになると、変わります。そういう事実を九年間、嫌というほど子どもに突きつけられてきました。

「自分の子どもを見るな」という理由は一つ。子どもが嫌がるから。

「うちの母ちゃん、毎日来るねんけど嫌や」

なぜかと聞くと、家に帰ると「あんたはあのときに横を向いてたやろ」とか文句を言われるから、もう来てほしくないと言う。

でも、自分の親が周りの子にかかわっている姿にね、子どもはものすごく憧れるんですよ。これは私も知らなかった事実です。こんなことを言う子がいました。

「俺の母ちゃん、俺としゃべるときと全然違う。家でもあんなふうだったらええのになあ」

「ええのになっていうことは、お母ちゃんを認めてるやん」

「まあな」

そんな具合です。

そして、子どもは、自分の親には見られたくない、言われたくない。でも、友達のお母ちゃんになら、自分の親に言えないことをふっと漏らしたりする。

これがサポーター。

ただし、「この先生は授業上手や」「校長、ここが汚れてんで」とか、そんなことを見にくる親や地域住民は、サポーターとして出入り禁止と伝えます。

子どもは私たち教員だけでは絶対に育てられない。どれだけ立派な先生が集まっても、教師という価値観の中でしか子どもが学べなかったら、多様な社会の中で子どもが生きていく力なんてつくわけがないんですよ。

「私なんて、別になんの取り柄もないし……」って言うお母さんもいますが、そんな人こそ、来てほしい。そんな大人が目の前にいたら、子どもは自信を持ちますから。

多様な人がいる地域の学校の、その空気の中で子どもが学ぶから、そのまま多様な社会に通用するんです。

そういった話を入学式でずると、サポーターがどんどん教室に入ってきます。いろんな人が授業の中に常にいる。この空気がすべての子が安心できる学びの場、居場所をつくります。

たとえば、自分はきれいな服を着て外面よく歩いていても、家では子どものことをほったらかしで、夜遅くまで遊び歩いて帰ってこないというお母さんがいたら、そんな状況をサポーターはみんな知っています。子どもが相談するから。

親に対してとても寂しい思いを持っている子も、自分の親以外の地域のおっちゃんやおばちゃんには、そうやって「なあなあ」ってその寂しさを話せる。これだけでも子どもに居場所ができますよね。子どもは地域の中で生きています。

## 幸せになるために、子どもは学校に来る。大人がそっとそばにいるだけで、どんな子も一人ぼっちにならない。

二〇一六年に、神奈川県相模原市の施設・津久井やまゆり園で痛ましい事件が起きました。重度の知的障害のある人への異常な偏見から起きた、あれだけの辛い事件があって、日本の社会は変わりましたか？　私は変わってないと思います。

それどころか、また同じような事件が起こってもおかしくないような社会になっているという危機感を強くしています。

その理由は、あの事件を「他人事」と捉えている人が多いから。

被害に遭われた人の家族の中には、自分の家族に障害があって施設にいる、ということにどこか肩身の狭い思いをして、匿名報道を希望した人が多かったでしょ。

なにも悪くない被害者が匿名でしか報道されない社会。それをつくっているのは誰だと問われたら、「自分だ」と私は思う。

ヘイトスピーチを容認する政治家だとか、いるかもしれない。でも、日本に生きているすべての大人が、あの事件の起きる土壌をつくったのは自分だ、自分が変わらなあかんと思ったら、社会は必ず変わるはずなんです。

でもあれから三年、学校現場では、先生の言うことを守れないと病院で診察を受けることを勧められて、「発達障害です」と言われる子どもが増えていますよね。そして、その子は「迷惑な子」として、教室から排除されていく。

その排除の一番大きな力は、その子の周りの子どもたちの親ですよ。

なぜ大空小学校では、「排除」ではなく「包み込む」ことが可能なのかといえば、親が違うからです。

いい親が集まっているから？　いいえ、違いは「自分事と思う親か」「他人事と思う親か」。この一点だけです。

たとえば、自分の子どもに重度の障害がある。将来、自分は先に死ぬ。子どもは、その子と同年代の友達とずっと一緒に生きていかなきゃいけませんよね。

自分事として考えるとね、特別支援学級の違う部屋ではなく、みんなと同じ教室で学ばせることが大切だと思いませんか。

「あの子が通学してくるなら、うちの子はほかの学校に通わせたい」と言われるような男の子が大空小学校の開校二年目に入学してきました。

その子の母親と信頼関係ができかけたころ、彼女がこう言いました。

「私は、学校さえなければもうちょっとマシな人間になってたと思う」

彼女は両親の顔を知らずに生まれました。途中で父親が彼女を引きとったけれど、ご飯もろくに食べさせてもらえなかった。小、中学校は給食があったので、週に一、二回、給食だけを食べに学校に行った。するとクラスのみんなが「臭いな、向こう行け」「なにしに来てん。給食泥棒!」と責めたてた。でも自分には給食を食べる権利がある。そう我慢して、本当に死にそうなときは給食を食べて生き延びた。

でも、担任の教師が「おまえな、給食食いに来るんやったら勉強しに来いよ」と言った。この一言で、勉強ができない人間は給食を食べたらあかんと思うようになった。彼女は学校に行けなくなった。学校から排除されたんです。それから、コンビニの賞味期限切れの弁当や、食堂のゴミ箱を漁って食いつないで一人で生きてきた。それが彼の母親。

もしいま、彼女があなたの近くにいたとしたら、あなたは彼女のそばに行きますか?

その彼女の息子を、学校から排除する理由なんて山ほどありましたよ。親の虐待、貧困、母子を分離して施設に入れたほうがいいとか。

でも逆にね、彼のように「困っている子」が六年間安心して学ぶ。その事実をつくれば、彼以外の子どもたちももっと安心して学ぶことができるとみんなで考えました。

子どもはね、幸せになるために学校に来る。

その子の本当のことって、その子にしかわからない。その子にとっての幸せも、その子に教えてもらわなければわからない。

そう思って、そっとそばにいる大人がいれば、いつか「ねぇねぇ、助けて」って子どもは言える。それが言えたら、どんな子どもも一人ぼっちにはならない。一人ぼっちにならない限り、子どもは学校に来られます。

いろんな子どもがいます。卒業式に寝間着のようなボロボロの服で出席するような生活環境の子もいる。でも、一人ぼっちにならなければ、子どもは学校に来る。彼も毎日休まず学校に通って、堂々と胸をはって卒業しましたよ。

## 無理かもしれないと思ったときは、主語を「先生」や「親」から「子ども」に変えてみる。

大空小学校のスタート時の職員室は、五十代の高齢者軍団と二十代の若者が半々くらい。真ん中の世代なし。一、二年目は正直苦しかった。七〜八人いた高齢者軍団のベテラン教員が自信をなくして「もう辞めたい」と口々に言い出したからです。

これまでベテランの自分が「ついてきなさい」と言えば、三十人の子どもたちはついてきて当たり前。それが自分の指導力だと思っていたし、今後もそういう教師であり続けたいという、ベテラン教師の願いがあった。

でも大空小学校では、ぱっと後ろを振り返ると、ついてきてるのは数人で、ほかは廊下でひっくり返っていたり、教室の床に座り込んで「なんで行かなあかんねん」とごねたり、教室を移動したその瞬間に運動場に走っていく子がいたり。

大空小学校は、ベテラン教師にとって、「先生の言うことをきかない子ども」との出会いの場だったんです。ショックを受けますよね。自信喪失。落ち込みます。

高齢者軍団のベテラン教師が、校長室に集まっては、「もう辞めたい」「私ももう無理や」と愚痴ばかり言い合うようになってきた。自分の心や体までつぶして働くなんておかしい、とかね。

「わかった。もう無理かもしれんね。じゃあ辞めれる人、手を挙げて」

ある日、私がそう聞いたら、手を挙げたのはたった一人。あとは辞めたくても辞められない。家のローンが残っているとか、経済的な事情からです。

そういうことってありません？　現実には叶わないけど、口に出して自己満足しているというような。ただの愚痴ですよ。大空小学校の開校時はそんな程度の、主体性なんてないところからのスタートでした。

でも、そのときにみんな我に返ったんです。本当に辞める気がないなら辞めたいという言葉を使うのをよそう。愚痴でごまかすような生き方をやめようと意識を変えた。辞められないなら、この学校での学びを楽しむしかない。どうやったら楽しめるのだろうと、高齢者軍団が考え始めたんです。

目の前の事実は、子どもが学校に行けていない。これだけ。

私たちの目的は何か。すべての子が、地域の学校で、安心して学ぶ事実をつくる。それだけ。

じゃあこの目的を果たすためにはいっさい手段は選ばないようにしよう。どんな手段をとっても、子どもが安心して学べたらいいよね、と。そんなふうに考えを切り替えた。そこから大きく学校の中の空気が変わっていきました。

それで見つけた方法が、「先生が」「親が」という主語を、「子どもが」に変えることでした。

「先生がいい先生」「親が努力している」「先生が指導力を持っている」

そういうのはもうあかん。

主語をどちらにとるか。

「大人が言うことをきかせられない子ども」

「大人が」を主語にすると、できない自分はダメだとばかり思う。

でも、主語を「子ども」に変えたら、

「子どもは大人の言うことをきけない」

「子ども」が困っていると思ったら、そこでどんなことができるかと考えることができる。すると、山ほど手段やアイデアが溢れ出てきました。

大空小学校には、九年間で五十人を超える「不登校」と言われた子どもが転校してきました。それまで私自身も経験があまりなかったので、不登校は子ども自身や、彼らの親が原因を持っているのかと思っていたんです。そんなのとんでもないことでした。「子ども」が学校に来られる。

その事実をつくるために、私たちはなにができるのか。自分一人で難しいなら、隣の先生の力を借りよう。それでも無理なら校長の出番。校長の力もたいしたことないなら、その子のことをよくわかっている地域のおばちゃんや、おっちゃんに助けを求めて、ちょっと学校に来てもらおう。それなら、その子が安心する場所を地域の人たちと一緒につくれるんじゃないか。

「先生」がなにをするかじゃない。「子ども」がどうしたいかにシフトチェンジした。すると結果的に、それまで学校に通えていなかった子どもたち全員が、大空小学校に「ふつう」に通ってくることができました。

「親」「先生」という主語を、「子ども」に変えるこの方法は、どこの学校でも、能力もお金もなくても、大人の自分が変われば一瞬にしてできる「みんなの学校」のつくり方だと思いませんか。

## なにが「マル」で、なにが「ペケ」かを考えることは、自分を見つめるきっかけになる。

素晴らしい先生がいるとします。いわゆるスペシャルティーチャー。子どもが授業中に椅子の上に乗って騒いだり、床に寝転がったりしても、とても強い力で子どもを牛耳ることができて、ビシッと言うことをきかせられるような先生です。

そんな先生がいたら、子どもは二つの選択をすると思います。その先生についていくか。学校に行かなくなるか。そのどちらか。

大空小学校の創立時に集まった高齢者軍団のティーチャーたちは、私を含めあまり素晴らしくなかった。子どもを強く牛耳る力もなくて、子どもが全然ついてきてくれません。

「私がこっち向いているのに、あの子は向こう向くねん」

「私に『くそばばあ、死ね』って言うねん」

そんな話ばっかりで、毎日、顔を突き合わせてはうんうん唸ってばかりいました。

私なんか百回は「くそばばあ」って言われました。

初めて言われたときのことを、いまでも覚えています。言ったのは小学一年生の子どもです。

その子がね、入学式から数日後に、私の顔を見て、「くそばばあ、死ね～」って言ったんです。そのときに、私はぶちっとキレたんです。でも、なぜキレたのか考えてみたら、自分が上から目線でその子を見ていたからでした。

その子は新入生で唯一入学式に出られなかった子。お母さんは一生懸命働いて生きているけれど、経済的な理由から生活保護を受けざるを得なくなった。それで急きょ転居したアパートが、たまたま大空小学校の校区にあった。

入学式の日に、隣の区から大空小学校に移ってきたために、前日でさえ彼が入学することを把握できていなかったんです。本当に突然のことだったので、彼にとって安心できる入学式を私たちは準備することができませんでした。

それまでにも「重度の知的障害」だとか、「発達障害」だとか、なにかのレッテルを貼られた子がおおぜい入学してきました。でも入学式の間、一分もみんなと一緒に過ごせないという子は彼以外、誰一人いなかった。なぜかというと、事前に準備をしていたからです。

なにかしら特性があったり、安心して学校に来られない心配がある子どもには、入学式の前日や前々日に学校に来てもらいます。

「この先生が担任だから安心してね」「六年生のリーダーがたくさんいるからぜんぜん心配ないよ」と、シミュレーションのようなことまでやります。入学式ですよ。やっぱりきちんと安心できる場を用意するべきです。

「通常は入学式の日に初めて担任を知るのに、なんでその子だけ?」「そんなん不公平ちゃう?」

当初はそういう声もありました。

安心して入学式に来られない子は、事前に先生と出会って、「なにかあったらその先生が絶対守ってくれるよ」って先に伝える。

これは平等か、不平等か？　公平か、不公平か？　この質問を考えてみませんか。公平と思った人、不公平だと思った人。質問に答えられなくてパスする人もいるのではないでしょうか。

実は正解なんてどこにもない。公平だと思う人はこれまで自分が生きてきた中でこのことは公平だと思える。不公平と思う人はやっぱりこれまで生きてきた中でそう思う。人それぞれ。先生も正解を持っていません。

大空小学校でも、大人数に質問するときは、こうして「マル」「ペケ」「パス」を選びます。ところが三角はありません。なぜか。

三角って「どちらでもない」みたいなニュアンスですよね。もし三角があれば、悩まなくていいと思いませんか？

たとえば、私が「あなたには障害がありますか」という質問をしたら「マル」「ペケ」。あるいは、答えたくないから「パス」と返しますよね。

でも三角を選べたら、とりあえず気楽にやり過ごそうとしませんか。だからあえて「三角」はつくらない。

子どもたちも「三角だったら迷わへんのに」と言います。

でもね、逆にいうと、三角がないから、自分は一ミリでもマルに近いか、一ミリでもペケに近いかと、つねにいまの自分を見つめることになる。

それは、「いまの自分がどうなんだ」と自分なりに考えること、見つめること、振り返ることにつながります。そういう時間は子どもや大人に関係なく、日常においてとても大切な時間です。

実は、大空小学校には四つめの選択肢もあります。それは「マル」「ペケ」「パス」のどれも選ばないという選択。

「パスまであるのに、なぜ選ばないのか」と言ってしまうと、もうこれって脅迫、強要ですよね。「なにか考えたか」「まったく考えていなかった」。どっちでもいい。なんにも考えてなかったことがわかれば、やり直しができるじゃないですか。

一生懸命考えても選べなかったり、「マル」と「ペケ」の違いが紙一重だったりする自分がいる。それを自覚するから「パス」する。でも「パス」さえも選べないときが、人には必ずあると思うんです。

自分は選べた。でも、選べなくて困っている人も自分の周りにはいる。そのことを忘れないで、大切に考えていきたいといつも思っています。

## うまくいかないときは、〝人の力を活用〟する。自分だけでなんとかできると思わない。

えらそうなことばかり話していますが、校長という立場で子どもと向き合っていたころのこと。自分が一番年長者で、なんでもできて当たり前といった奢《おご》りを持っていたときがありました。本当は時々失敗もある。でも、「上の立場」だから失敗を認められずに、隠そうとしたことがあったんです。

あ、いまの私はあかん。子どもに対して「力」で物事を動かしてしまいそうや。そう感じたときは、すぐにほかの人にバトンタッチするようにしました。

こんなことがありました。

ある男の子が、友達にちょっと悪いことをしてしまった。自分が悪いと気づいているのに、意地を張ってしまった。けど、やっぱり困った。友達に謝らなあかんって百も承知。でもどうやって謝っていいかわからない。

それで校長室に来て、ソファーに寝転んだんです。

「いまやったら、謝りたいって言えば、謝らしたるで」

私はえらそうにその彼にそう言った。すると彼が私に「死ねー」と叫んだんです。

子どもが大人に死ねと言う。子どもが教師に、小学生が校長先生に死ねと言う。とんでもないじゃありませんか！

という感覚を持たれたら、それは捨ててください。

ものすごく困って頼ってくる子どもに、私が「謝るなら謝らしてやる」という上からの力で彼に圧をかけた。明らかに私の失敗なんです。

「なんでおまえの言うことをきかなあかんねん」と憤慨しますよね。それは彼の持っている気骨。そこが彼の良さであり、すごくいいやつなんです。

ただ、彼はその場で私に対して、それに対抗するのに「死ね」という言葉しか持っていませんでした。

「死ね」という言葉は、一般的に他人に使えば罪悪ですよね。私たちは「死ね」という言葉の持つ重たい意味を理解しているから使わない。

ただ、彼が理解している「死ね」は少し違った。

彼は、三年生まで別の学校に行っていました。特別支援学級の先生が家に迎えに来てくれて、ビデオを観せてもらったり、好きなことをやってもらいながら、なんとか二時間ぐらいなら学校にいられた。

でも彼は、本当は友達と遊ぶのが大好きなんですよ。だから、特別支援の教室から出て、自分と同年代の友達がいるところに行く。すると「おまえ、邪魔や。あっちの教室やろ。ここに来たらあかん」とぼろくそに言われた。

学校に行けば行くほど、周りの子たちに「死ね」という言葉を浴びせ続けられた。そのことで彼は困ったときには「死ね」という言葉を使うと学んでしまったんです。私に「死ね」と言ったのは、つまり彼にとっては「木村、どっかいってください」というお願いの言葉だったんですね。

でも当時、私はそこまで理解できていませんでした。ただ、いまこのまま彼といたら、きっと私はもっと力を使って彼に向かっていくだろうとわかったから、「はい、じゃあね。さいなら」と捨て台詞を吐いて校長室から出ていきました。私って本当に人間ができてないでしょう。

次に入ってきたのが、支援のコーディネーターをしている養護教諭でした。

私が彼女に頼んでバトンタッチしたわけではないんですが、彼女は職員室にいて、大きな声で喧嘩しているのが聞こえてきて、「そろそろ自分の出番やな」と自ら判断して、私が校長室から出ていこうとしたときに、彼女が校長室に入ってきたんですね。もう、あ・うんの呼吸ですね。そのとき、彼女は私の耳元で、一言ぽそっとつぶやきました。なんて言ったと思います？

「どっちもどっちやな」

彼はソファーからパッと起き上がって、その養護教諭に相談していました。私はただただ職員室で座っていました。

こうやってね、自分がなんでもできるなんて誰一人教員は思ってはいけないんです。そんなことできません。自分一人でできることは、ひと握りもない。

その代わりに、「人の力を活用する力」を身につける。それさえ教員がつければ、学校に居場所のない子どもは生まれません。

これは家庭でのお母さんや、大人の誰にでも当てはまります。

困ったことは、一人で抱え込まずみんなで考えたらいい。もっと言えば、大人だけではなく、その子の周りの子どもと一緒に考えて共に育ち合う。そうやって人の力を活用していたら、それだけでかかわるみんなも変わるし、当たり前のように支え合う空気も生まれてくるものなんですよ。

〈第四章〉

# どう育てる?
# 十年後を生きる力

## 先生の「言うことをきく」ことよりも、自分で「なにが大事か」を考える力をつける。

いろんな先生がいますよね。

「なんで俺の言うことときかれへんねん！　ルールを守るのは当たり前やろ」とごりごり押しつけてくる先生もいます。

彼の持論はこうです。ルールを守れないやつは大人になって困る。だから小学生のうちにルールを守れるようにするんだ。

たぶんね、こういう先生に出会って教室の中に監禁されると、まともな神経を持っている子どもは、学校には行かなくなりますよ。敏感にとらえてしまう子ほど、学校に足が向かなくなる。

だってこの先生の言っていることがおかしいから。

いま、これを読んでいるあなたは、この先生の言っていることに違和感を覚えていますか？

規則を守れない子どもは、規則を守れるようにする。そうしないと、大人になって社会に出たら困る。会社に入って社長の言うことがきけなかったらクビになる。だから、小学校の義務教育の間に、規則をちゃんと守って大事なことを身につけさせなあかん。先生の言うことはきちんときかなあかん。

こういうことを言う先生って、マルですか、ペケですか？

当然、ペケでしょう。

というふうに、もし私がここで強要したら、この先生と同じですね。脅迫になる。そのジレンマを感じつつも、やっぱり、この先生がペケだと思わない人がいるから、学校の空気が変わらないと、私は思います。

いまはそう言っていますけど、私も昔はマルに賛同していた教師でした。先生の言うことをきくのが当たり前。それが先生の指導力だと信じていた。

そういう人間だった私が「やり直し」をしたので、この先生の罪の重さがとてもよくわかるんです。

「やり直し」とは、校則のない大空小学校にある、たった一つの約束「自分がされて嫌なことはしない、言わない」を破ってしまったときに、校長室で「なにがどう悪かったのか」「どう解決するのか」を自分で考えて宣言するというものです。校長である私も、子どもたちに教えられ、気づかされて、何度も「やり直し」をしました。

では、この先生を「親」に変えて考えてみましょう。親の言うことをよくきく子どもをつくる。どうですか？ もう一つ、校長の言うことをきく教員をつくる。どう思いますか？

みんな一緒のことですよね。

大阪市では、校長が教員を評価し、それがお給料に反映されます。「今晩の食材のお肉が豆腐に変わる」って半分冗談で言うんですけど、校長の評価で教員の給料ベースが変わる。だから校長の言うことを教員がきく。

おかしな話だと思うでしょ。

もっと言えば、「国のリーダーの言うことを国民は黙ってきけ」と言われたらどうですか。そうやって戦前の日本では国民が戦地に連れていかれたという過去もありますよね。極論に聞こえるかもしれませんが、根っ子は同じことだと思います。

私はね、「先生の言うことをきく」ことがあまりにも美化されているのではないかと感じるんです。同時に、これはとても恐ろしいことだと強く感じています。

昔から日本の文化では、「親の言うことをきくのは大事」だと日常の中で教えられてきました。もちろんそれは目上の人を敬うという、大切な部分もあります。

でも、ここで考えないといけないのは、親や先生の言うとおりにすることが大事なのではなくて、「親がなにを言っているか」「先生がなにを言っているか」「校長がなにを言っているか」。

この「なに」をしっかり自分で考えるか、なんにも考えずに言われるがままに行動するかの違い。この違いは、私たち教員にとって、「学校をどうつくるか」という根本の部分を変えた、大きな違いでした。

家庭でも同じだと思います。

「母ちゃんの言うことをきけ」ではない。

「このことをどう思う?」「なんのために大事?」

そうやって子ども自身に考えさせる。

誰かが言うから、そう決められているから従うのではなくて、それが「自分にとって大事なのはなぜか」を、自分自身で考えていく力をつけていかなきゃいけない。

学校でも家庭でも、教育の原点はそこにある。それを外したらダメなんです。

## いまの大人は画一的な「過去の教育」を受けてきた。大昔の価値観で子どもを見ていませんか。

大空小学校は六年生全員がリーダー（六十七ページ）になるという話をしました。入学式は六年生と一年生で過ごします。

一年生に落ち着かない子どもがいて声を上げたりすると、六年生がシューッとそばに駆け寄る。六年生がその一年生をひざの上にちょこんと座らせると、一年生はそのまま安心して入学式を楽しみます。

誰も、親の元にも先生のところにも行きません。六年生が「先生、助けて！」とも言いません。自分たちの学校だから。

別の学校から新しい先生がやってくる四月は、必ず波風が立つんですよね。「世間の常識」を持ち込んでくるから。

「丁寧語でしゃべれって言われた」「おはようの挨拶をしろと言いながら、先生はなぜしないんや」といったように、子どもたちは敏感に反応して反発するので、そここで波風が立ちます。特に六年生は、ほかの学校から転勤してきた先生に不安を抱きます。

大空小学校では、先生が子どもを見るのではなく、子どもたちが先生を見ています。でもそれは「対立」ではなくて、なにかのきっかけでお互いの学びに変わって、より深まっていく大きなチャンスでもあるんです。

ある新しい先生が赴任してきた入学式の日のこと。六年生が数人で校長室にやってきました。

「校長先生、のんびりコーヒー飲んでる場合とちゃうで。あの先生を助けにいかなあかんで」

「なんで？　なにを助けにいくの？」

どうやら教室で椅子に座らずに走り回っている一年生がいたようです。さすがにその先生はベテランで、走っている子に椅子に座りなさいとは言わなかった。適当に上手にこなそうとしたんだと思います。

「あの先生、座ってる子をほめたで」と六年生が言いました。

内心ぎょっとしながら、「ええやん、ほめるんやったら」と返したら、「自分の言ってることとブレてるって気がついてるやろ」と、ある子が直球で指摘してきました。

「うん、ちょっとな」って正直に答えました。

大空小学校では、これが「ふつう」。相手が校長だから間違えているけど黙っておこうとか、誰もそんな感覚は持っていません。学校が人と人との学びの場である限り、立場の違いや関係性うんぬんの壁はどこにもない。対等に人と人が学び合う。だから学びは豊かになるんです。

「なんでほめたらあかんの？」

「当たり前やろ。座ってる子をほめるってことは、立ってる子をペケやって教えてることやで」と即答です。

さすがやなと内心感心していました。案外、大人はこうした微妙な問題を見逃します。でもこんなふうに子どもに教えてもらえる。彼らが言う「助ける」とはそういう間違いを気づかせてあげるという意味です。

もう一つ指摘されたことがありました。

「あの先生な、座ってる子に『さすが大空小学校の子どもたち、手をおひざに置いて、とてもいい姿勢で座ってる、すごいねー！』ってほめたで」

ほめてくれるのならええやん、と言う私を無視して、「いい姿勢で座ってるとだけほめればええやろ。でも、手をひざにのせていることで、いい姿勢やとほめたで」よく言いますよね「手はおひざ」って。でも、あれほど体を束縛する体勢はありません。

「いい姿勢」になる目的とはなんでしょう。それは自分の体をつくるため、授業に集中するため。そのことを六年生の子たちは知っています。手をひざの上に置くことは、そのどちらの手段にも目的にもならないことも。

「じゃあ、腕のない子はどうするんや」と子どもたちが鋭く問いかけてきた。実際に周りにはそういう友達もいるから、例に出してくる。

「腕のない子には、先生も手をひざの上に置けとは言わへんでしょ」と私が返したら、「腕のない子が手をひざの上に置かなくてええんやったら、腕のある子も置かんでいいやろ」

これが、「ユニバーサル」の本質じゃないかな、とそのとき教えられました。

子どもとのこうしたやり取りが日常的にあります。

私たち「過去の」教育を受けてきた大人は、画一的で差別的な教育を、無意識のうちに空気のように吸い込んで生きてきた。良かれと思って言った言葉や、大人の意識しない一言に対して子どもは敏感に反応します。

新転任の先生の一言はまさにそういうものでした。

手をひざに置けない子や、足を横に放り出していないと落ち着いて座っていられない子は、教室にいられないということになる。

周りのせいにするのではない。じっと座っていられず走り回っている友達がいて黒板が見えないなら、自分が見えるところに移動すればいい。「あー」と声を出す友達がいて聞こえないなら、自分が聞こえる場所に移ればいい。

でももしそこに「授業中は動いてはいけません」という画一的な規律があれば、動きたくても動けない。「手をおひざに」と同じです。

いま一番大事な学びってなんだろう。そう考えると見えてくるものがたくさんあります。あらかじめ決められた正解なんてないことにも気づいていきます。

# 子どもが生きていくのは日本社会ではなく「国際社会」。親がまず、閉じた発想から自由になる。

戦前の学校教育では、「自分で考える」という行為を奪われてきました。どちらかといえば正座をした子どもたちが「子曰《しのたま》わく」と暗唱することが尊ばれるような形態がまだ残っている教育の中で。終戦直後は、まずは生きることが大事でした。生きることに必死なところから、高度経済成長を経て、日本も世界の国に追いつけ追い越せの時代に突入した。

そんなふうに、ようやく「日本もやれるやないか」みたいな雰囲気になってきたときに、「やっぱり教育が大事だ」となった。そこで「学力とは点数」、点数を上げることが、学力がつくということだ。知識とスキルが大事だと言うようになっていきました。ってなんだか私、語り部みたいですね(笑)。

大空小学校では、テストの点数をはじめ、そうしたものを「見える学力」と呼んでいました。

点数や偏差値、受験のための「見える学力」をつけて、いい大学に入れば、社会に出るといい就職先が待っている。そこで、いい仕事につけば人が幸せになる。そうみんなが信じている時代がありました。実際にそのときの社会には、そういった人材のニーズがありました。

「ザ・画一的」がスタートした時代です。まさにこの時代に学校教育を受けてきた人たち、自分が考える行為を奪われてきた人たちが、ちょうどいまの親世代の主流になってきているんです。

自分が「なんで？　どうして？」と考える前に、「覚えろ、力をつけろ」という、いわば記憶型学力を身につけさせる。受験ってそうですよね。とにかく覚えて、どれだけの記憶力があるかで、受験に成功する・しないという結果になるでしょ？

大空小学校で大切にしていたのは、困っている子や問題を抱えた子どもと、自分はどうつながるのか。お互いに関係する中で身につける生きて働く力。これは「見えない学力」。それこそが、だれもが幸せに生きられる社会をつくる力になると思います。

でも「見える学力」を重視する社会では、そういう力がまったく大事にされていない。そうやって「ザ・画一的」がスタートして以来、どんどん分離教育が始まっていったんです。

でも、もうこのこともそのうちに過去の話になりますよ。

「正解をいかに当てるか」というのがいままでの教育。でもいまは正解のない社会。いまの時代に大事なのは、「正解のない問いをどう問い続けるか」ということですよね。

これからは大学受験もどんどん変わります。記憶の量を問うのではなく、それぞれがどんなアイデアを生むかが問われる試験に変わってくる。

社会では、「クレイジー」「ワイルド」な人が求められる時代になっているからです。日本語に訳すととんでもない言葉になるけど、「クレイジー」というのは、人と違うことを言葉にする人、行動する人。「ワイルド」は、人と違うことを発想して、すべての常識から解き放たれた人。海外ではそういう人がすごく重宝されています。

大空小学校が開校したときの教育目標は、「国際社会で生きる力」だったんです。「この力をつけるのが、大空小学校の教育や」と、みんなでそう決めました。

地域住民やサポーターたちの反応が面白かったですよ。

「うわーすごいな、国際社会なんや」

「うん。すごいやろ」

「でも、なんで国際社会なん」

「え、日本社会に変える？」

「いや、それはちっこいな」

とか言いながら(笑)。

すでにいまの日本の企業でも、そういう人材が求められ始めていますよね。人と一緒のことをやるのが、日本文化で良しとされてきた時代には、「クレイジー」も「ワイルド」も、「ちょっとおかしい」みたいな意味で集約されていました。

でももういまは、上司の言うことをきいて真面目に働くという人材ではなくて、上司に「はい」と言わない人材を求める時代に変わってきてる。

国際社会は、多様な文化の社会へと、日本よりもうんとうんと先を走っていますよね。子どもたちはこの狭い日本社会で生きるのではありません。そうした国際社会で生きていくんです。

「国際社会で生きる力」を、義務教育でどう身につけていくかというのが、二〇二〇年度からの新しい「学習指導要領」（中学校は二〇二一年度～）です。子どもたちの学びも変わる。親も変わって、社会全体が変わっていくことでしょう。私はこれからが、とても楽しみです。

# 百点を取ることや東大に入ることを目標に子育てしても、多様な社会で通用する人間にはならない。

「あなたのクラス、全国学力調査で全部の科目で平均正答率が低いよ。隣の組は高いのに。もっと上げて」

若い教員がそんなことを言われると、それだけで苦しみます。そしてこういうことは教育現場で珍しくはありません。

でもね、「見える学力」であるテストの点数を上げて、クラスの平均正答率を上げたら、子どもたちがみんな幸せになれる社会が待っていますか？

まず、私たち教師の仕事は、ＡＩ（人工知能）にとられますね(笑)。

「ロボットが教えてくれたほうが、確実に見える学力がつく。学校に行かずに家でパソコンを前に勉強していたら、東大にも合格します」と報じられたりもしています。

でもね、テストで百点を取る子だけを育てて、これからの社会で通用すると思いますか？　東大を出たからってみんな幸せになりますか？

五十年前は、東大を出たら幸せになれるという社会のニーズがあったかもしれない。でもいまは、東大を出て就職しても、自信を失ったり、しんどくなって引きこもってしまったり……、そんなことがざらにあります。

学校で学ぶ目的は、いい大学に入ることじゃない。社会の認識はそんなふうに変わってきています。

いまは大学を出ようと出まいと、自分が自分らしく生きていく社会をつくる力が、一番大切な時代。そのためになにが必要なのか。

小中学校で学ぶことは、いますぐに使う力だけではありません。子どもたちが将来社会に出て、自分らしく、なりたい自分になるための力。それを学んでいるんです。

そんな時代の学校で、教員はどう変わり続けるかと問い続けること。私たち教員の専門性ってそこにあると思うんですよ。

もっと言えば、親の専門性は？　地域住民の大人としての専門性ってなんなのか。みんなで一緒になって「なんかおかしいよね」「どうすればいいんだろう」と正解のない問いを、問い続けるのが、大人の仕事なんだと思います。

そのときにね、なにかを否定すると「敵」をつくるじゃないですか。敵をつくっても、社会はより良くならない。そこですべきは「対話」です。

対話ってすごく大事なんですよ。意見の違う相手と対話するには、自分が一番こだわっている部分のスイッチを変えることにもなりますよね。

より良い社会をつくる社会人になること。学びの最終目的はそこにある。いま、そう考えられる自分は、過去の当たり前に囚われていた自分のスイッチを切り替えられたからですよね。

自分の子どもと、周りの子どもたちがどう関係を持って、どう学び合うか。固定概念を捨てて、スイッチを切り替えながら、その土俵をつくるのが、教員であり、親であり、地域の大人の仕事なんだと思います。

土俵とは、学校の空間そのもののこと。

たとえば、お相撲さんが上手投げやうっちゃりなどの技をたくさん身につけても、土俵がなかったら、ぶつかり稽古すらできないでしょ。学校も同じで、英語やプログラミングのスキルをいくら身につけても、それを試す場所がなければ、自分の力になりません。

子どもが、身につけたスキルをどれだけ試して、どれだけ失敗して、どれだけやり直しができるか。存分にスキルを試せる失敗してもいい空間が土俵なんです。

そして、その土俵となる学校の空間が、地域社会そのものであることがとても大事です。子どもは将来、地域社会のなかで学んだ力を発揮していくのですから。

土俵さえつくれば、子どもは勝手にいろんな技を身につけていきます。「見える学力」も、必要なら自らが求めていくようになる。

でも土俵がなかったら、子どもは自分の力を試せませんよね。そのために大人ができることってなんだろう。考え続けるしかない。そんな大人の姿を見た子どもは、それさえも体で吸収して、自分の力に変えていくんです。

## 「出会う」「かかわる」「ふれあう」ことで生きる力が自然と身についてくる。

大空小学校では「ふれあい科」という独自の教科をつくりました。

人と出会うと、そこに必ずふれあいがあるでしょ。ふれあうと、かかわりを持つ。するとそこに学びが生まれる。

そうやって、人と出会い、かかわる中でしか、「ふれあい科」は成立しないという独自の教科です。

その根本にあるのが、大空小学校の教育のキーワード「学び・感動・愛」。

学びとは、教師や大人から一方的に教えられるのではなく、互いに学ぶということでしょ。本当の学びのあるところには必ず、感動が生まれます。

感動という言葉ってね、ふだん気安く使っていますけど、「自分自身の心が動く」ということですよね。

「ああ、どうしよう」「うわ、すごいよなー」「なんか涙が出るわ」「むちゃ笑うわ」「めっちゃ腹立つわ」

そんなふうに心が動く。これが感動。そんな感動があるところには、愛が生まれる。この愛って、目に見えない空気ですよね。

そういう空気の中で、どんな力を身につけたら、子どもたちが将来「なりたい自分」になれるか。そう考えて、辿りついたのが「四つの力」でした。

一つめは「人を大切にする力」。

人を大切にする力を持っていない人間は、たとえ有名大学を出たとしても、なりたい自分にはなれません。学歴と人を大切にする力。どっちが優先されるか。当然、人を大切にする力ですよね。

二つめは「自分の考えを持つ力」。

先生の言うことをイエスイエスと覚えて、忠実に先生の言うことをきいて、常にAの評価をもらってほめてもらう。でもその力は、評価する人がいなかったり、指示を出す人間がいない状況だったりすると意味がないでしょ。

三つめは「自分を表現する力」。

いまの時代を生きるには、自分の考えを持ったうえで、自分をどう表現するかがとても重要になります。

表現にはいろんな方法がありますよね。寡黙な子は文章で表現するし、言葉を持っていない子は、「アー!!」って言う。すると周りがそれでその子を理解しようとします。「自分を表現する力」を身につけるとき、同時に、周りの子は表現を理解するために想像力を身につけます。

四つめは「チャレンジする力」です。

どんな予想しない場面になっても、仲間とともに自分の力を発揮して、周りの能力も倍増させる。そういう人間じゃなかったら、いまの社会では求められない。そのために挑戦する力。

これら四つの力は、すべて「なりたい自分になる力」であり、「誰かと共に生きる」ための力です。「ふれあい科」の目的は、この四つの力を身につけることです。

大空小学校で年に三回あるコンサート、オープン講座、バースデーメッセージ集会、ウエルカム集会、ふれあい運動会、オープン授業などなど、すべてイベントではなくて「ふれあい科」の授業です。

通常の学校の音楽会だと、目的は人に「見せる」ためですが、ふれあい科のコンサートは、企画からすべて子どもたち自身がつくります。当日も会場のみんなが「つくる」ことが目的。

「オープン講座」では、教員以外の地域の人が「こんな授業やりたい」と飛び込みで授業をします。毎回十講座くらいの応募があり、子どもが自分で受けたい授業を選択するので、一年生と六年生が一緒になる場合もあります。

学校教育の専門家である、東大のバリアフリー教育開発研究センターの小国喜弘《こくによしひろ》先生も継続して来てくれています。そんなスペシャリストも含めて、地域住民、保護者、子ども、教員、職員など、多様な人たちが対等に学ぶ時間です。

「バースデーメッセージ集会」は、その月に生まれた子が、自分から、自分らしく、自分の言葉で語る、一年に一回のチャンスです。原稿はいっさいなし。

人前で話すのが苦手で、ずっと黙っている子もいる。するとその子に対して、周りの子たちは「自分はなにができるんだろう」と考える。

子どもは六年間チャレンジしますが、自分から、自分らしく、自分の言葉で語れなかった子はゼロ。全員が自分の言葉で語り、卒業しました。これもね、語れるスキルを身につけたのではないんです。「なにを言っても聞いてもらえる」という安心感。自分以外の他者が育っているから、語ることができる。それが大切なんです。

「ウエルカム集会」では、外部の人が来たら、自分たちが自分の学校を自分の言葉でプレゼンする。学校中を連れ歩いてプレゼンするのですが、私たち教職員は、子どもたちがどこでなにを伝えているか、まったくわかりません(笑)。「大空劇団」は、教職員がつくっている劇団。終業式にね、休み期間の生活指導をするでしょ。でも子どもは毎回同じ指導では面白くないから聞かない、それでは意味がない。そこで逆に、教職員が劇で悪いことをするんです。それを観る子どもたちは「あかん、あかん、あかん!」と叫びます(笑)。

もう説明し出すと三日かけても語り尽くせないほどいろいろありますが、「ふれあい科」は、文部科学省にやれと言われて行っているわけではありません。そのときに大空小学校に必要なことだからやっていました。目的は、すべての子どもが安心して学び合う場をつくり、「四つの力」が身につくこと。

これをほかの学校に持っていって、形だけ一緒にやってもダメなんです。大空小学校でも、十年前にやっていたことを、いまもやっていたらダメです。

社会や時代が変化する中で、先生が、大人が、いま最も子どもに必要なことはなにかと考えて、人と人が出会って、かかわって、ふれあう。それで身についた「四つの力」は、自分らしく生きるための力になるのだと思います。

# 「障害」を理由に子どもを分断したらインクルーシブな未来はつくっていけない。

なぜ「インクルーシブ教育」という言葉が出てきたのでしょうか。

「インクルーシブ教育」とは、障害の有る無しにかかわらず、誰もがみんな地域の学校で学べる教育です。

この言葉が登場した背景にあるのは、障害のある子が障害を理由に分断されているという現実ですよね。いつも一緒にいることが当たり前なら、わざわざそんな言葉を使う必要がありません。

四年前、私が全国を講演やセミナーで回り始めたころ、参加者の中にいる特別支援学校の先生の中には、映画『みんなの学校』は特別支援学校を否定していると感じられた方もいたようで、「特別支援学校不要論か」といった声が上がり、批判的な声も聞かれました。

それが今はゼロに近い。

特別支援学校の先生も、「障害のある子もない子も一緒に学ぶ」ことが大事だととらえて、「特別支援学校のニーズ」と「地域学校のニーズ」を、どうコラボしたらいいかと、子どものほうを向いて考える方が増えています。

小学校の六年間はいろんな子がいて当たり前で、「障害」で子どもを分断せずに、多様な空気の中で、対等な社会で生きていく力を身につける教育をしていかないとダメなんじゃないか。そんな声も高まっています。

なぜそんなふうに大きく変化したのでしょうか。

それは、特別支援学校が本来持っているニーズが、特別支援学校ではクリアできなくなっているからだろうと私は感じています。

特別支援学校は、地域の学校では、学習権を保障できない子どもが行く場所ですよね。それは地域の学校に環境が整わないから。

たとえば、酸素マスクがなかったら生きていけないという子もいます。では、その子が地域の学校で学べるように、文科省が予算を投入して、看護師を学校に入れて、学習権を保障すればいい。単純に言うとそうなります。

でもそれがなかなか現実的に叶っていない。

そんな中で「特別支援学校なくせよ」となったら、「じゃあこの子はどうするの？」となる。それがいまの現実です。

最近では、本来なら地域の学校で学ぶべき子どもが、特別支援学校に入っていく。けれど、特別支援学校なら学べるだろうと想定された子たちが、結局そこでは学べない、という事実も起きています。

ある講演会で脳性マヒと診断された男性と話したことがありました。

その方は一生懸命に絞り出さないと言葉が出ないし、車椅子がないと移動が困難です。でも彼は車の運転もできるし、自律されています。

けれど、子どものころ、彼は家族と分断されて、施設に入れられて、当時は養護学校と呼ばれていた学校に入れられた。彼は「自分も地域の学校に行きたかった」と強く伝えておられました。同じような話を全国でたくさん耳にしてきました。

周りは「特別支援学校で学ぶことは大事だ」と言う。残念ながら彼のような当事者の声は消されてしまうんです。

けれどもいま、特別支援学校の先生たちが、「地域で学べる子どもは、地域で学ぶ『みんなの学校』をつくろう」と声を上げ始めています。

こうした「インクルーシブ教育」が国際的に重要視される一方で、全国学力調査の順番を上げるために、低学力の子がいると平均点が下がるから、そういう子は特別支援学校にどんどん入れて……という、とんでもない流れも現実に起きています。

それは、必要がないのに特別支援学校に移された子も、地域の学校で彼らと一緒に学べるはずだった子も、どちらの力も奪うことになります。

インクルージョンな社会をつくっていくことにおいて大事なことは一つ。障害とか、貧困とか、ＬＧＢＴとか、外国籍とかを理由に排除しない。それだけ。

でも日本の社会って、インクルーシブ、フル・インクルージョンと言いながら、「見えない排除」をするんですよ。昨年、障害者雇用促進法をつくっておきながら、中央省庁の八割の機関が虚偽の数値を出して雇用する障害者数を水増ししていたことが発覚しました。国の行政機関が自ら率先して見えない排除をしていたわけでしょ。

私ね、「違う部屋で、この子に手厚く特別支援教育をしてあげましょう」と言って、障害を理由に子どもたちを分断するのは、この「見えない排除」だと思っています。

だから、特別支援学校の先生たちが少しずつ変わってきたことに、とても大きな期待を感じています。どんどん変わりますよ、間違いなく、もっともっと。そう信じています。

## 大人だってブレて当たり前。ブレに気づいてくれる人がそばにいてくれる環境をつくる。

私はことあるごとに、親や地域の人に「学校に来ればさ?」と伝えます。なんのために? 目的は一つ、「すべての子どもの学習権を保障するため」。これだけです。そこがブレなければいい。

人間は弱いから常にブレる。校長だったときの私も「これが大事だ」っていうことがブレるときがありました。そういうときに「校長先生、そうじゃない。いまブレてる!」と言ってくれる人が、職員室にいてくれたから、戻れた。

人間だから、面倒なことから逃げようとしたり、悪いことも考える。でもブレたときに、誰かが気づいて「いや、いまのアウトやろ」と言ってくれる。それで「どうしたらいいのだろう」と助けを求めたら、周りの誰かが動いて助けてくれる。そういう環境をつくればいいんです。

もちろん親もブレます。

そんなときは、やっぱり親同士で気づいた人間がフォローするのが一番です。

親がブレたら子どもは不幸になる。本人は気づいていなくても、隣にいるお母さんにはそれが見えている。

親が自分の子どものことを一番に思うのは当たり前ですよね。でも、親が自分の子どものことしか見ていないで学校と話をしようとすると、うまくいかない部分が必ず出てきます。

ではどうしたらいいのか。ほかの親が、その親を巻き込んだらいいんです。

たとえば、こんなことがありました。

学校でいつも暴力を振るう子がいた。「自分の子どもが叩かれた」と責められたら、その子の母親はやっぱり学校から遠のきますよね。そして家で怒って「友達を叩くな!」と子どもを叩いてしまうんです。こういう悪循環は珍しいことではありません。

この母親に、周りのお母ちゃんたちがどうしたか。彼女にこんな話をしました。

「あんたな、自分の子どものええとこ、知らんやろ?」

休み時間に一年生の子が、一人で校舎の隅でじっと固まっていた。チャイムが鳴っても教室に入れない。先生が呼びにいっても来られない。そうしたら、授業中なのに、その子が一年生の横にずっと一緒にいたと言うんです。

「あんたのとこの子が、その一年生と手をつないで、職員室まで連れてきたんやで。あんた、自分の子どものこんなええとこ知らんやろ？　それはあんたが学校に来ないからや」

　自分の子どもをそんなふうに見てもらうと、その母親は今度は自分の子ども以外の周りの子にも、いいところを見つけようとかかわるようになります。順繰り順繰り、これが社会ですよね。

　大空小学校のお母さんたちは、ＰＴＡではなく「ＳＥＡ《シー》」という組織をつくっていました。ＰＴＡは、Ｐａｒｅｎｔ（親）、Ｔｅａｃｈｅｒ（教師）、Ａｓｓｏｃｉａｔｉｏｎ（組織）のことですが、ＳＥＡには、親だけじゃない地域の人も含めた子どもの周りにいるサポーター（Ｓｕｐｐｏｒｔｅｒ）、教師だけに限らない、子どもの可能性を引き出すボランティアやゲストティーチャーも含めた教える人（Ｅｄｕｃａｔｏｒ）の組織（Ａｓｓｏｃｉａｔｉｏｎ）という意味が込められています。

　ＳＥＡをつくったサポーターたちもまた、自分の子どもが幸せになるためには、周りを変えなあかんと、身をもって気づいていった。そしてプロジェクトとして組織にすれば、活動を継続して広げられることも、学校や地域と関わる中で学んでいたんですね。

ＳＥＡではメンバーを「リーダー」と呼んでいて、親はこの「リーダー」を必ず一回は経験しようと声がけしています。学校で暴力を振るうという子の親も、このＳＥＡに誘いました。

「あんたも、リーダーになってみ？　そしたら、毎日あんたとこの子どものええことを周りの親から聞かしてもらえるから」

その母親は、そこから一年間リーダーになって、もう一八〇度がらっと変わりましたね。

暴力を振るっていた子にも、自分が困ったとき、相談できる大人がいつも周りにできました。

私たち教職員だけでは、そのお母さんを変えられません。親同士がお互いを変える。子どもも同じで、周りにいる子どもがその子を変える。

そういうものって目に見えませんよね。

「周りは育っているのに、うちの子には見返りないやん」となってくると、本末転倒でしょう。だからチームをつくる。その存在がブレそうになった一人の親を支えてくれます。

閉じてしまっている学校は変わらなあかん。親も変わらなあかん。地域もそうなんです。

学校だけが開いたって、「ここできてへん」「あんなんあかん」と文句ばかり言う親や地域住民がいては「みんなの学校」はつくれません。

なんのために学校を開くのか。

すべての子どもの学校をつくるためです。

この目的がブレさえしなければ、「みんなの学校」はつくれます。そういう動きは今後どんどん広がっていくでしょう。

# 学校は校長のものではなく「地域」のもの。その思いが自分たちの子どもの学校をつくる。

地域の大人が、つねに学校にサポーターとして出入りしている話をしました（一一二ページ）。

友達の親であれ、地域の住民であれ、先生ではない大人が学校にいれば、子どもはずいぶん変わります。

それは地域づくりにもなります。学校が変われば、地域が変わる。小学校の数でいうと、その地域が日本全国に二万いくつあるわけです。その地域がみんな変われば、社会そのものが変わります。

いますぐ社会が変わらなくても、子どもたちがつくる十年後の社会にはなにかが期待できるでしょう。

行政や国の政策に問題意識を持つのは大事なことです。期待もしたい。でも自分には社会を変えるなんて大それたことはできないと、なにもせずに子どもをほったらかしにはしたらあかんでしょ。

すぐそばにいる子どもに声をかけることは、今日からでも、誰でもできます。小さな行動が、必ずいろんなことを大きく変えていきます。それが大人の役割なんです。

でも、地域の人を入れてくれない学校もあるんですよ。校長が「子どもの個人情報が」とか言ってね。これは大きな間違いですよ。

全国に二万いくつ、それぞれの地域にパブリックの学校がある。それってね、校長がお金を出してつくった学校ではありません。税金で運営されている地域の学校。この学校は誰のものですか？　地域のものですよね。

まずそこを当たり前と思うことが、とても重要なことです。

教育関係者から「大空小学校の校長はリーダーシップがあるから、できた」「あれは特別。私たちには無理だ」という声をよく耳にします。

こういう声を、地域住民が言わせたらダメなんです。大空小学校だけが「いい学校」と言われても、社会は変わりません。それぞれの地域が集合して一つの大きな社会になるわけですよね。

文部科学省の事務次官を務めた前川喜平さんという方がいますよね。事務次官というのは、いわば省の一番のリーダーです。

三年ほど前に、ある県で大きなシンポジウムがあって、その公の場で、私は当時事務次官だった前川さんにこんな質問をしました。

「日本に、二万いくつある、地域の学校は、誰のものですか?」

「地域の学校は、地域住民のものです」

前川さんは、一秒も間をおかず即答されました。私はその言葉を受けて、「それ全国で言いふらします」とお伝えしました。

文科省が「地域の学校は地域住民のもの」と公言する。これは日本の学校の「当たり前の理念」だということですよね。

地域の学校は地域住民のもの。校長のものではない。

私は大空小学校に九年間と、ずいぶん長くいましたが、十年目に私より一回りほど若い男性が校長になりました。大空小学校第二ステージって、みんなでネーミングをして、バトンタッチをした。そのときに、高齢の職員軍団も全員退職。賞味期限切れです(笑)。校長も教頭も変わって、教員の三分の二が入れ替わって、若い先生が入ってきた。

その後の大空小学校はどうなっていますかとよく質問を受けますが、変わると思いますか？　少しもブレていませんよ。第一ステージよりも進化しています。

校長が変われば学校が変わるって、学校の常のように皆さん話されているでしょ。そんなことはないんです。

校長を辞めてから全国を回っていると、最近は保護者が強くなってきたことを空気で感じます。

講演会や映画『みんなの学校』の上映会を親たちがやりたいと言うと、「良いと思うけど、うちでは無理やな」と嫌がる校長先生が多い。

じゃあＰＴＡの単独主催でやろうということになる。そうなると、言い出しっぺの人がＰＴＡの会長になったりして、それで何人の人が会長になったことか。このＰＴＡ受難の時代に。

東京のある区では、区の予算で「みんなの学校」をつくろうという動きがあって、ほとんどの小学校を回りました。

そんな中で、良いと思う人も、良く思わない人もいて当たり前です。それぞれの立場で対立が生まれることもありますが、この対立をペケにしたらダメなんです。対立をピンチと思いがちだけど、それは大きなチャンス。

だって横を向いている人こそがこっちを向いてくれたら、社会は変わりますよね。だから対立が生まれるのは、ある意味チャンスです。

対立で終わらせないで、どう対話を重ねていくか。

とても大きな進化のステップのチャンスなんですよ。いまはちょうど時代が変わる時期だということを肌で感じています。どんなふうに変わるのか、なんだか楽しみでしょ。

# おわりに

お母さん、ご自分の子どもと毎日対話していますか？

「対話」って、相手の考えていることや話すことを尊重して聞こうとする自分がないと活用できないツールです。人と人の信頼をつなぐ最たるツールが対話です。自分の考えと相手の考えをつなぎ合わせながら、自分のものでもない相手のものでもない新たな考えを生み出す。これが対話です。まるで魔法のようなツールですよね。

「みんなの学校」で学んだ九年間は、すべての子どもと対話してきました。「おはよう」から「さようなら」まで、日々の学校生活の中で、その日その日の気になる子や困っている子とつねに対話している自分がいました。だから、「ねぇ、困ってるねん。どうしたらいい？」と助けを求める子どもとつながることができたのだと思います。

こんなふうに書いていると、きっと皆さんは私のことをすごいなあって思われるのではないですか。

私は二人の娘の母親です。娘たちが子どものころに私は母親として娘たちと対話をしてきただろうかと振り返るとＮＯ！　です。いつも上から目線で、親の言うことをいかにきかせようかと力をつかっていた親としての自分の姿しか浮かんできません。「私は子どものためにこんなに苦労してがんばっているのに、この子はどうして言うことをきかないのか」なんて思っていたのでしょうね。子育ての主語が「親」の自分だったのです。周りに迷惑をかけないで、目立ったことをしないで、いい子ですねって言われたい。そんな親のメンツが邪魔をしていたのでしょう。

子育ての主語を「子ども」に変えたら、親の言葉や行動をこの子はどう受け止めたのか、やる気になったのか、納得して自分のために行動しようと思ったのかなどと、いまではわかるのですが、その当時を振り返れば、母親アウト！　です。目の前の子どもの事実に学ぶ親の姿があれば、子どもの育ちは変わっていたなあと、まさに、やり直しができるものならやり直しをしたい心境です。子育て現役の皆さんはまだまだやり直しができますよ。

このことに気づかせてくれたのは「みんなの学校」の子どもたちとの事実の積み重ねでした。残念ながら気づいたときは、すでに娘たちは大人になっていました。進路を選択するときに二人の娘は「先生にだけはなりたくない」と言っていたのを思い出します。四十五年間の教員生活を終えた日に娘たちからメールが届きました。〝やっぱり気にしてくれてたんやなぁ〟と思いながら読むと、長女は「お母さん、自分の子ども育てられなかったのに長い間先生してたね」、次女は一言「私は一人で大きくなりました」です。こんな母親だった私が、全国の講演会で子育てに悩むお母さんたちに「自分の子どもは母親が育てられるなんて思ったら大間違い。無理やで」って話しているのです。失敗だらけの母親の先輩として、いま、子育て真っ最中のお母さんたちに伝えたいのは、目の前の子どもを丸ごと信じて尊重する親の姿を存分に子どもに見せてやってほしいということです。

親が正解を持っていると子どもが語る言葉を最後まで聞けません。途中で自分の正解を言ってしまいます。十年後の社会は正解なんてどこにもありません。子どもが自分で考えて、自分で判断して、自分で行動して、自分で責任を取る。失敗したら誰のせいにもしないで自分のためにやり直しをする。こんな力が必要なのです。

親の言うように子どもは動きません。でも、親のするように子どもはします。大人になったわが家の娘たちは母としての私を認めていませんが、「みんなの学校」での私の姿は、言葉にはしませんが、ＯＫを出している気がします。家庭ではなにもできない母だったので、娘たちは自律した大人になっているのかもしれません。

母親にとってなくてはならないものは「復元力」だと思っています。大海で荒波を航海する船が、どんなに揺れても「復元力」でひっくり返らずに進んでいきますよね。

子どもが大人になるまでには、親として認めたくないことも含めてさまざまなことを経験します。でもね、子どもを信じて待つことを忘れないでほしい。子どもが困ったときにいつでも帰れる場所でいられたらいいのです。いつも忙しく働いていて、ほとんどかまってやれないけど、「もうダメ」って思ったときは、ここにいるから安心して戻っておいでって、このことだけを子どもに発信し続ければいいのです。

最近は子どもが迷惑をかけたら謝る。迷惑をかけられたら文句を言う。こんなお母さんたちにたくさん出会います。うまくいかないのは他人のせいだということを子どもに伝授しているような大人の姿です。「迷惑をかけてはいけない」と言われ続けて育つと、人の失敗が許せなくなってしまうものです。そんな人ばかりの社会は誰もが「生きづらい」と感じてしまうのではないでしょうか。

「迷惑な子」なんて誰一人いません。大人がつくっているだけですよ。子どもを変えようと思う前に大人の自分を変えましょう。そんな大人に子どもはあこがれることを、「みんなの学校」で学びました。

失敗先輩からのメッセージです。読んでいただいてありがとうございました。

二〇一九年六月　木村泰子

木村泰子（きむら・やすこ）

大阪府生まれ。武庫川学院女子短期大学（現武庫川女子大学短期大学部）卒業。大阪市立大空小学校初代校長として、「すべての子どもの学習権を保障する学校をつくる」ことに情熱を注ぐ。その取り組みを描いたドキュメンタリー映画『みんなの学校』は大きな話題を呼び、劇場公開後も全国各地で自主上映会が開催されている。二〇一五年に四十五年の教職歴をもって退職。現在は講演会、セミナー等に引っぱりだこで、精力的に日本じゅうを飛び回っている。東京大学大学院教育学研究科附属バリアフリー教育開発研究センター協力研究員。

# 「ふつうの子」なんて、どこにもいない

2019年 7月20日 第1刷発行
2024年 9月 5日 第10刷発行

著者　木村泰子
発行者　木下春雄

発行所　一般社団法人　家の光協会
〒162-8448　東京都新宿区市谷船河原町 11
電話　03-3266-9029（販売）
03-3266-9028（編集）
振替　00150-1-4724
印刷・製本　精文堂印刷株式会社

乱丁・落丁本はお取り替えいたします。定価はカバーに表示してあります。

ISBN978-4-259-56624-1 C0095